KB275054

더 이상 침묵하지
않을 거야!

환경과 생태를 살린
10명의 용감한 여성들

더 이상 침묵하지 않을 거야!

유미호 · 이인미 지음

지구의 미래를 위해
맞서 싸운 여성들의 이야기

우리는 지금 역사상 가장 큰 기후위기를 맞이하고 있다. 2025년 현재, 전 세계 곳곳에서 이상기후로 인한 재난이 일상이 되었다. 미래 세대가 살아가야 할 지구 환경이 더욱 불안정해지고 있다. 나는 이런 암울한 상황 속에서 환경 재난에 맞서 싸운 놀라운 여성들의 이야기를 이 책에 썼다. 이들은 각자의 시대에서 불가능해 보이는 도전을 시작했고, 결국 세상을 바꾸는 데 성공했다. 이들의 용기 있는 발걸음을 글로 엮어 독자에게 전할 수 있어 뜻깊다.

1장의 레이철 카슨은 환경을 지키며 우리에게 귀중한 가르침을 전해준 선구자다. 《침묵의 봄》으로 DDT의 위험성을 경고하고 현대 환경운동의 기틀을 마련했으며, 자연과 인간의 공존을 위해 평생을 바친 생물학자이다. 2장에는 1950년대부터 카메라로 미나마타병 피해자들의 고통스러운 삶을 기록하며 산업화의 어두운 이면을 세상에 알린 작가 이시무레 미치코를 소개했다. 4장에서는 2004년 노벨평화상을 수상한 케냐의 환경운동가로서 여성들과 함께 3천만 그루의 나무를 심어 아프리카의 녹색혁명을 이끈 왕가리 마타이를 그리고, 8장에는 저서《이것이 모든 것을 바꾼다》에서 기후위기의 근본 원인인 자본주의 시스템을 날카롭게 분석하고 기후위기에 대한 새로운 관점을 제시한 나오미 클라인, 10장에서는 '미래를 위한 금요일'이라는 청소년 기후운동을 아프리카로 확산시키고 기후위기 대응에서 소외된 아프리카의 목소리를 세계에 전하며 기후정의를 위해 싸우는 우간다의 젊은 활동가 바네사 나카테의 이야기를 소개했다.

이들의 이야기를 조사하고 글로 옮기면서 말로 표현하기 어려운 깊은 감동과 존경심을 느꼈다. 이들은 단순히 환경 문제를 연구하고 알리는 것에 머무르지 않았다. 각자의 자리에서 용감하게 불의에 맞서 싸웠고, 더 나은 세상을 만들기 위해 자신의 시간과 열정, 때로는 안전과 평화로운 삶까지도 기꺼이 바쳤다. 거대 기업들의 막강한 힘과 맞서야 할 때도, 사회의 무관심과 냉소의 벽을 넘어야 할 때도 있었지만, 이들은 한순간도 자신들의 신념을 저버리지 않았다. 끊임없는 도전과 헌신 끝에 마침내 세상을 변화시키는 놀라운 성과를 이뤄냈고, 후대를 위한 희망의 씨앗을 심어주었다.

이 여성들의 이야기가 청소년들에게 큰 울림이 되길 바란다. 우리나라 청소년들도 이미 심각한 미세먼지, 이상기후, 폭우와 가뭄 등 기후위기의 영향을 직접 체감하고 있다. 레이철 카슨이 과학적 증거를 바탕으로 환경 파괴의 위험성을 알린 것처럼, 이시무레 미치코가 펜으로 환경 오염의 실상을 기록한 것처럼, 왕가리 마타이가 여성들과 함께 나무를 심어 사막화를 막은 것처럼, 나오미 클라인이 기후위기의 구조적 원인을 분석한 것처럼, 그리고 바네사 나카테가 젊은 나이에도 불구하고 기후정의를 위해 목소리를 높인 것처럼, 우리 청소년들도 각자의 방식으로 환경 문제 해결에 함께할 수 있다. 이 책에 담긴 이야기들이 용기와 희망이 되어, 더 나은 미래를 만들어가는 데 도움이 되기를 진심으로 기원한다.

이 책이 청소년들에게 전하는 메시지는 분명하다. 기후위기 문제는 우리의 마음을 무겁게 하지만, 우리는 결코 희망을 잃지 말아야 한다는 것이다. 이 책에 등장하는 여성들처럼, 비록 무모해 보일지라도 끝까지 함께 행동하면 변화를 만들어 낼 수 있다. 이들의 발자취를 따라 더 나은 미래를 향해 힘차게 나아가길 진심으로 소망한다.

유미호

아름다운 생명의 무대,
지구를 지킨 여성들

지구는 가장 핵심적인 인간의 조건이다. 우리 모두가 잘 알듯, 노력과 기술 없이 호흡할 수 있고 이동할 수 있는 서식 환경을 인간 존재들에게 제공한다는 점에서 지구의 자연은 우주에서 독특한 것이라 할 수 있다.

— 한나 아렌트,《인간의 조건》프롤로그 중에서.

2025년 지구 전체 인구는 약 82억 명이다. 그중 자기만의 고유한 이야기를 지니지 않은 사람은 단 한 명도 없다. 대략 82억 개의 인생 이야기가 이 지구에서 서로 얽히고설키며 진행 중인 것이다. 자기 자신이 그 가운데 한 이야기의 주인공이라는 사실이 대단하지 않은가? 별다른 일이 없는 한 지구는 수백억, 수천억, 그 이상의 이야기들이 펼쳐지는 무대로 존재할 것이다. 옛사람, 오늘날 사람, 그리고 새로 태어날 사람들의 삶뿐 아니라 크고 작은 동식물들의 삶까지 포용할 만큼 커다랗고 풍요로운 무대로서 말이다.

이 지구라는 소중한 무대에서 펼쳐진 인생 이야기 중 나는 이 책에서 실비아 얼, 박영숙, 반다나 시바, 페트라 켈리, 그레타 툰베리의 이야기를 들려주고자 한다. 이들의 이야기를 지금 우리가 읽어야 하는 까닭은 이들의 사상과 활동이 지구 환경과 밀접한 관계를 맺고 있기 때문이다.

3장의 실비아 얼은 오랜 세월 해양 잠수 연구를 수행하며 깊은 생태적 깨달음을 얻었다. 바로 바다가 '생명의 기원'이라는 진실이다. 생명의 기원인 바다를 귀하게 보살피고 싶다면, 실비아의 뒤를 조용히 따라가 볼 일이다.

5장에서는 과학철학 박사이자 에코페미니스트인 반다나 시바를 소개한다. 반다나는 개발을 거부하고 숲을 옹호하는 칩코운동을 경험했고, 독성 화학 물질 유출로 일어난 보팔 참사를 목격했으며, 핵실험과 핵경쟁의 불편한 진실에 당돌하게 질문을 던졌다.

6장에서는 해낸 일에 비해 한국 내에서조차 그다지 알려지지 않은 여성운동가이자 생태환경운동가 박영숙을 다룬다. 그야말로 'K-여성 환경운동가'의 대표 인물이라 할 수 있다. 박영숙은 한국 환경운동의 시초 격인 소비자보호운동과 국산품 애용운동, 그리고 합성 세제 불사용운동, 나아가 생명문화창조운동 등을 펼쳤다.

7장의 페트라 켈리는 핵무기와 환경 오염을 반대하고, 남성중심 사회구조를 반대했다. 전 세계 최초로 녹색당을 창설한 페트라는 생활운동·시민운동 차원을 넘어 정치와 행정 분야에서 평화적으로 구현될 녹색의 삶을 우리에게 알려준다.

　9장에는 스웨덴 국회 앞 1인 시위를 통해 세계적으로 유명세를 탄 그레타 툰베리의 이야기를 담았다. "기후위기 완화를 위해 행동합시다."라는 그레타의 간절한 외침은 여러 국제회의장에서 지속적으로 울려 퍼졌다. 그리고 의미 있는 변화가 나타나기 시작했다. 그레타의 또래 친구들이 전 세계에서 응답한 것이다. 이제 어른들은 수많은 '그레타들'의 외침을 귀담아듣지 않을 수 없게 되었다.

　우리는 이들의 사상과 활동을 통해 하늘, 땅, 물, 공기, 바람 등을 골고루 갖추어 모든 생명체들이 호흡하고 움직일 수 있게 해 주는 유일한 행성, 지구의 소중함을 느낄 수 있을 것이다. 그리하여 이들의 이야기 뒤로 우리 모두의 이야기가 아름답게 이어지기를 소망한다. 그러려면 지구의 생태환경을 오래도록 유지해야 함은 두말할 나위가 없다.

이인미

여성 환경운동가의 활약과 환경 이슈

1962년

레이철 카슨

《침묵의 봄》출간

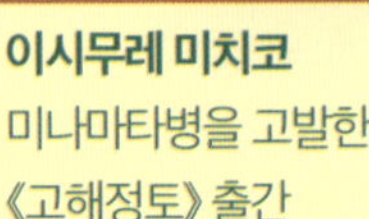

1969년

이시무레 미치코

미나마타병을 고발한
《고해정토》출간

1970년

지구의 날 제정
(4월 22일)

1972년

세계 환경의 날 제정
(6월 5일)

1997년

탄소 감축을
목표로 한
교토의정서 채택

1995년

기후변화당사국회의
(COP) 첫 개최

1992년

리우데자네이루
유엔환경개발회의
개최(6월 3일)

1988년

유엔환경계획(UNEP),
기후변화에 관한
정부간 협의체(IPCC)
출범

2009년

실비아 얼

해양 보호 단체
미션 블루 설립

2011년

후쿠시마 원자력 발전소
사고

2014년

나오미 클라인

《이것이 모든 것을 바꾼다:
자본주의 대 기후》출간

1973년

박영숙
경성 세제 반대운동

1973년

반다나 시바
칩코운동

1977년

왕가리 마타이
그린벨트운동 시작

1986년

체르노빌
원자력 발전소
사고

1984년

인도 보팔 화학 공장
참사

1980년

페트라 켈리
최초의 환경 정당
녹색당 창립

2015년

파리기후변화협정
체결

2018년

그레타 툰베리
'미래를 위한 금요일'
시위 시작

2020년

바네사 나카테
유엔환경계획
'지구의 챔피언' 상 수상

#공해병 #환경·생태 문학	
	 레이철 카슨 ｜ 1907~1964
	 이시무레 미치코 ｜ 1927~2018

#협동과 연대 #풀뿌리 시민운동	
	 실비아 얼 ｜ 1935~
	 왕가리 마타이 ｜ 1940~2011
	 반다나 시바 ｜ 1952~
	 박영숙 ｜ 1932~2013

#사회 체제 전환
#정치와 환경

페트라 켈리 | 1947~1992

나오미 클라인 | 1970~

#기후 정의
#미래 세대의 목소리

그레타 툰베리 | 2003~

바네사 나카테 | 1996~

차례

레이철 카슨 ⋯ 17
Rachel Louise Carson, 1907~1964
침묵을 깨울 용기를 가진 자연의 대변인

이시무레 미치코 ⋯ 31
石牟禮 道子, 1927~2018
펜으로 환경과 인권을 지킨 용감한 작가

실비아 얼 ⋯ 49
Sylvia Earle, 1935~
생명의 기원 바다를 수호하는 해양 과학자

왕가리 마타이 ⋯ 65
Wangari Muta Maathai, 1940~2011
아프리카에서 피어난 환경과 평화의 꽃

레이철 카슨

· Rachel Louise Carson, 1907~1964 ·

"자연의 아름다움과 신비를 느끼는 능력은
진정한 행복의 원천이 됩니다."

펜실베이니아주 스프링데일의 작은 농장, 어린 레이철은 그곳에서 만난 자연의 친구들과 쉴 새 없이 대화하며 시간을 보냈다. 그중에서도 새들은 그녀의 가장 친한 친구였다.

"레이철, 또 새들과 놀고 있는 거니?" 어머니 마리아가 미소 지으며 물었다.

"네, 어머니! 오늘은 다친 참새를 발견했어요. 제가 돌봐도 될까요?"

"물론이지. 자연을 사랑하는 너의 마음이 참 기특하구나. 하지만 레이철, 잊지 말렴, 언젠가는 그 새를 자유롭게 놓아줘야 한단다."

어머니는 레이철이 자연에 대한 호기심을 잘 풀어갈 수 있도록 도와주고는 했다. 동물과 새들의 울음소리를 알려주고 식물들의 이름과 구분하는 방법을 알려주었다. 다친 참새를 돌보는 것은 좋지만 참새에게 가장 좋은 곳은 자연이며, 그곳에서 비로소 참새는 제대로 살 수 있다고 가르쳐 주기도 했다.

그렇게 시작된 참새와의 특별한 인연은 레이철의 삶을 바꾸어 놓았

세인트 니콜라스 잡지

다. 매일 먹이를 주고 상처를 치료하며, 그녀는 생명의 소중함을 깨달았다. 마침내 참새가 날개를 펴고 하늘로 날아오르던 순간 무엇 때문인지 모르지만 레이철의 가슴은 벅차올랐다. 레이철은 이날 느꼈던 특별한 감정을 바탕으로 글을 쓰기 시작했으며, 10살 때 동물과 새 이야기를 담은 첫 소설을 아동 월간지 《세인트 니콜라스》에 발표했다. 이를 시작으로, 레이철은 자신의 이야기를 써 나갔다. 수년이 흘러, 성인이 된 레이철은 자신이 쓴 글을 가지고 오랜 친구들을 찾았다.

"도로시, 내가 쓴 글 한번 봐줄래?"

원고를 받아든 레이철의 오랜 친구 도로시 프리먼Dorothy Freeman은 걱정 어린 목소리로 말했다.

"이 문제에 세상이 귀 기울여 줄까?"

이어서 문학 에이전트 마리 로델Marie Rodell에게 원고를 보여 주었다.

"레이철, 이 원고는 세상을 바꿀 거예요. 복잡한 과학을 이렇게 아름답게 풀어낸 글은 처음 봤어요."

이 원고는 훗날 환경운동의 시작점이 되는 《침묵의 봄》이라는 책으로 세상에 나오게 되었다. 평생 자연과 함께한 레이철 카슨의 삶은 그녀를 지지해 주는 소중한 사람들과의 인연으로 꽃피웠다. 어머니 마리아의 따뜻한 격려, 도로시 프리먼과의 참된 우정, 그리고 마리 로델의

     침묵을 깨울 용기를 가진 자연의 대변인

전문적인 조언은 그녀가 위대한 환경운동가로 성장하는 데 없어서는 안 될 밑거름이 되었다.

자연의 목소리가 된 환경운동가, 레이철 카슨

레이철 카슨은 자연이 들려주는 이야기에 귀 기울이며, 인간과 자연이 서로 이해하고 존중하는 관계를 꿈꾸었다. 어린 시절부터 자연의 언어를 배우기 시작한 그녀는 새들의 지저귐, 바람 소리, 계절의 변화 속에서 자연과 소통하는 법을 터득했다. 그리고 이러한 과정에서 얻은 경험을 틈틈이 글로 썼다.

글쓰기를 사랑한 레이철은 대학에서 영문학을 공부했다. 하지만 우

레이철이 어렸을 때 살았던 집

연히 들은 생물학 수업은 그녀의 삶을 완전히 바꾸어 놓았다. 특히 바다 생물들의 다양한 모습과 그들이 서로 어울려 살아가는 모습에 감동한 레이철은 해양 생물을 연구하기로 마음먹었다. 이는 단순히 공부의 방향을 바꾼 것이 아니었다. 삶의 길을 바꾼 것이었다.

레이철은 자연이 전하는 메시지를 정확히 이해하고 전달하기 위해서는 과학적 지식이 필요하다고 믿었다. 레이철은 자연의 언어를 더 깊이 이해하기 위해 과학의 길을 선택했다. 레이철 카슨은 해양 생물학을 연구하면서 전문 지식을 쌓았고, 자연을 더 깊이 이해해 나갔다. 그리고 그녀가 연구한 전문 지식, 어려운 과학 이론은 그녀의 손 끝에서 누구나 쉽게 이해할 수 있는 아름다운 문장으로 쓰여졌다. 이러한 그녀의 글쓰기 능력은 보통 사람들이 환경 문제를 쉽게 이해할 수 있도록 도와주었다.

당시 사회는 자연이 보내는 위기의 신호를 무시한 채, 맹목적인 '발전'을 추구하고 있었다. 하지만 레이철은 달랐다. 그녀는 자연이 보내는 경고 신호를 놓치지 않았고, 이를 인류에게 전달하는 것을 자신의 사명으로 여겼다. 자연이 보내는 고통스러운 신음을 글로 옮기며, 인간과 인간이 살고 있는 지구가 큰 위험에 처해 있다고 경고했다.

바다 생태계의 경이로움을 담은 '바다 이야기 3부작'

그녀는 처음으로 바다를 본 순간을 일기에 생생하게 적었다. 끝없이

 침묵을 깨울 용기를 가진 자연의 대변인

펼쳐진 푸른 바다를 보니 숨이 멎을 것 같다며 이렇게 말했다. "바다는 끝 없는 신비로 가득 차 있다. 그 깊은 곳에는 우리가 아직 모르는 수많은 생 명체가 살고 있을 것이다. 나는 이 신비로운 세계를 탐구하고 싶다."

그 후로 레이철은 끝을 알 수 없는 신비롭고, 아름다운 바다와 그 속 에 숨겨진 과학적 비밀들을 찾아내는 일에 푹 빠져 평생 연구하고 글을 썼다. 레이철의 '바다 이야기 3부작'《바닷바람을 맞으며》,《우리를 둘 러싼 바다》,《바다의 가장자리》는 해양 생태계의 경이로움을 담은 책이 다. 이 책들은 과학 서적을 넘어서 문학적 걸작으로 평가받았다.

바다 이야기 3부작은 바다의 신비로움을 생생하게 묘사해 독자들의 상상력을 자극한다. 이 책에서는 미세한 플랑크톤부터 거대한 고래에 이르기까지, 바다 생태계의 모든 구성원을 세심하게 관찰하고 그들의 이야기를 아름답게 풀어낸다. 특히《우리를 둘러싼 바다》에서 그녀의 글쓰기 능력은 절정에 달했다. 시적으로 아름다우면서도 어려운 과학 지식을 누구나 쉽게 이해할 수 있도록 쉽게 쓴 문장으로 대중들의 마

레이철의 바다 이야기 3부작 표지

음을 사로잡았다. 이 책에서 레이철은 바다가 지구의 근원이며, 생명의 요람이라는 점을 강조했다. 또한 왜 바다를 보호해야 하는지, 바다에 어떤 무한한 가능성이 숨겨져 있는지도 차근차근 알려준다.

레이철의 바다 이야기 3부작은 베스트셀러가 되었고《우리를 둘러싼 바다》는 전미도서상을 수상하며 가치를 인정받았다. 이 책을 읽은 많은 청소년은 해양 생물학에 관심을 가지고, 미래의 해양 과학자로서 꿈을 키워 나갔으며, 많은 젊은이가 해양 보존과 연구에 헌신하는 계기가 되었다.

《바다의 가장자리》는 단순히 해양 생태계를 설명하는 데 그치지 않았다. 이 책은 당시 핵폐기물을 바다에 버리는 것이 얼마나 큰 문제이며, 위험한가를 전 세계에 경고했다. 이 책을 통해 레이철은 한 명의 과학자에서 환경운동가로 우뚝 설 수 있게 되었다. 그녀의 경고는 국제사회가 해양 오염 문제에 더 많은 관심을 기울이도록 했으며, 해양 생태계 보호를 위한 국제적 노력의 시발점이 되었다.

바다를 조사하는 레이철 카슨

이 책들로 인해 레이철은 환경 문제를 해결하기 위해서는 과학 지식을 대중화하는 일이 매우 중요하다는 것을 깨달았다. 그녀는 환경 문제를 알리기 위해 계속 글을 써야겠다고 결심했다.

레이철의 바다 이야기 3부작은 오늘날에도 환경 문학의 고전으로

          침묵을 깨울 용기를 가진 자연의 대변인

읽힌다. 그녀의 글은 우리에게 바다, 그리고 더 나아가 지구 생태계의 아름다움과 중요성을 일깨워주며, 우리가 자연과 조화롭게 살아가야 할 이유를 설득력 있게 전달한다. 레이첼 카슨이 남긴 유산은 현대 환경운동의 뿌리가 되어, 지속 가능한 미래를 위한 노력이라는 열매를 맺도록 영감을 준다.

《침묵의 봄》 환경운동의 첫 시작점이 된 책

레이첼 카슨의 책 중 가장 우리에게 많이 알려진 책은《침묵의 봄》이다. 1962년에 출간된 이 책은 DDT와 같은 합성 농약이 환경과 생물들뿐 아니라 결국 인간에게까지 얼마나 나쁜 영향을 미치는가에 관해 쓴 책이다. DDT는 당시 미국에서 가장 널리 쓰이는 살충제였다. 질병을 옮기는 해충들을 효과적으로 박멸하면서도 값이 저렴했기 때문이다. 하지만 DDT의 위험성에 대해서는 알려진 것이 없었고, 이를 지적하는 과학자들은 일부였다. 레이철은 DDT가 가진 위험성에 주목하여 연구했고, 연구의 결과가《침묵의 봄》이라는 책으로 나오게 된 것이다.

레이철은 "옛날 어느 마을에 봄이 찾아

1948년 촬영된 DDT 살충제를 살포하는 모습

왔지만, 모든 것이 달라졌다. 새들의 지저귐이 사라졌고, 꽃들은 시들어갔다."라는 문구로 이 책을 시작한다. 농약의 무분별한 사용이 가져올 수 있는 무서운 미래를 경고한 것이다. 레이철은 DDT를 사용하고 나서 이상 증상을 겪었거나, 피해를 입은 사람들이 있는지 조사했다. 다양한 제보와 증언을 받은 레이철은 DDT가 새만이 아니라 인간에게도 해로운 영향을 미친다는 사실을 알아냈다. 그녀의 날카로운 통찰력과 과학적 증거들은 많은 사람에게 충격을 주었다.

《침묵의 봄》을 발표하자 화학 회사들과 일부 과학자들이 크게 반발했다. 화학 회사에서는 과학자들의 다른 연구 결과를 발표하며 레이철의 주장은 터무니없다고 비난했다. 심지어 레이철이 화학 산업을 무너뜨리려는 공산주의자라고 주장했다. 레이철은 직접 방송에 출연해 이들의 주장을 하나하나 반박했고, 점점 더 많은 사람이 레이철의 말에 귀를 기울이기 시작했다. 결국 이 책은 환경보호법 제정의 계기가 되었고, 미국 환경보호청이 세워지는 데도 큰 역할을 했다. DDT 같은 해로운 농약의 사용이 금지되었고, 사람들은 환경 문제에 더 큰 관심을 가지게 되었다. 레이철의 용기 있는 목소리가 환경운동의 새로운 장을 연 것이다.

레이철은 살아있을 때 여러 상을 받았고, 세상을 떠난 후에는 대통령 자유 훈장을 받았다. 《타임》지는 그녀를 20세기를 바꾼 100명 중 한

《침묵의 봄》 표지

사람으로 뽑았다. 이것은 그녀의 책이 단순한 과학책이 아니라 우리 사회를 더 좋게 바꾸는 도구가 되었다는 것을 보여준다. 레이철의 영향력은 미국을 넘어 전 세계에 미쳐서, 국제적인 환경 협약과 지속 가능한 발전의 개념을 세우는 데에 기여했다. 그녀의 작품은 현대 환경운동의 철학적, 과학적 기반을 제공했다. 또한 일반 사람이 환경 문제를 알고, 문제 해결에 나서도록 하는 데도 도움을 주었다. 그녀가 강조한 "모든 생명은 서로 연결되어 있다."라는 생각과 "먼 미래까지 생각해야 한다."라는 원칙은 지금 기후변화나 생물다양성 보전 같은 환경 문제 해결에 매우 중요한 원칙으로 작용하고 있다.

"여성 과학자로 살아가기", 과학계 성평등을 위한 도전

레이철 카슨이 활동하던 1950~1960년대에는 여성 과학자가 매우 드물었다. 여성 과학자들은 많은 편견과 차별에 맞서야 했다. 여성이기에 연구 기회가 주어지지 않거나, 업적을 제대로 인정받지 못하는 경우가 많았다.

레이철 역시 이러한 편견과 차별에서 벗어날 수 없었다. 한번은 그녀가 연구 결과를 발표하려고 했을 때, 한 남성 동료가, "여자가 무슨 과학을 해요? 집에서 요리나 하지."라고 하자, 레이철은 "과학은 성별을 가리지 않아요. 중요한 건 열정과 노력이죠."라고 단호하게 답했다고 한다. 이 일화는 레이철의 강인한 의지와 과학에 대한 헌신을 잘 보여

레이철 카슨

준다.

레이철은 여러 어려움 속에서도 포기하지 않고 끊임없이 노력했다. 레이철은 여성도 과학 분야에서 큰 업적을 낼 수 있다는 것을 보여 주고 싶어 했고, 실제로 이를 증명했다. 그녀의 노력과 성과는 후대의 여성 과학자들에게 길을 열어 주었다.

오늘날 많은 여성 과학자가 활약하고 있는 것은 레이철과 같은 선구자들의 노력이 있었기에 가능했다. 레이철의 삶은 과학계에서의 성평등 실현을 위한 중요한 이정표가 되었으며, 그녀의 유산은 다양한 매체를 통해 후대에 전달되고 있다.

레이철 카슨이 다음 세대에 전하는 메시지

레이철 카슨의 마지막 저서 《자연, 그 경이로움에 대하여》는 조카와 함께 보낸 시간을 바탕으로 쓰였다. 이 책에서 레이철은 자연의 경이로움을 발견하고 그 안에서 기쁨을 찾는 것이 중요하다고 거듭 강조했다. 만약 레이철이 오늘날의 청소년들에게 메시지를 전할 수 있다면, 아마도 이렇게 말했을 것이다.

"사랑하는 청소년 여러분, 부탁드릴 게 있어요. 첫째, 호기심을 잃지

침묵을 깨울 용기를 가진 자연의 대변인

마세요. 끊임없이 질문하고, 주의 깊게 관찰하고, 열정적으로 탐구하세요. 호기심은 모든 발견과 혁신의 시작점이에요. 둘째, 자연을 사랑하고 보호하는 마음을 가져주세요. 우리는 자연이며, 자연 없이는 살아갈 수 없어요. 셋째, 여러분의 작은 행동 하나하나가 세상을 바꿀 수 있다는 걸 믿으세요. 환경 문제는 복잡하고 때로는 너무 거대하다고 느껴질 수 있지만, 포기하지 말고 함께 노력한다면 반드시 해결할 수 있을 거예요. 마지막으로, 여러분의 목소리를 내세요. 여러분의 생각과 걱정, 그리고 희망을 주변 사람들과 나누세요.”

그녀는 《우리를 둘러싼 바다》에서 “자연의 아름다움과 신비를 느끼는 능력은 진정한 행복의 원천이 됩니다.”라고 하며, 청소년들이 자연과 교감하며 그 소중함을 깨닫기를 바랐다. 《침묵의 봄》에서는 “우리의 도전은 단순히 생존하는 것이 아니라 생존할 가치가 있는 세상을 만드는 것.”이라고 했다. 또한 “우리는 지금 갈림길에 서 있다. 하지만 두 갈래 길은 동등하지 않다.”라며 우리의 선택이 미래를 결정할 것이라고 강조했다.

레이철은 환경을 보호하는 길이 우리 모두를 위한 길이라고 믿었다. 이러한 메시지는 오늘날에도 여전히 유효하다. 청소년들의 행동과 목소리가 세상을 바꿀 수 있다는 것을 확신했으며, 함께 노력한다면 반드시 더 나은 미래를 만들 수 있다고 강조했다.

그녀가 보여준 자연에 대한 경외심, 과학적 탐구심, 그리고 더 나은 세상을 만들고자 하는 열정이 오늘을 사는 청소년뿐 아니라 모든 이들에게 영감이 된다. 우리가 레이철의 유산을 이어받아 자연을 사랑하고

보호하는 삶을 산다면, 더 건강하고 지속 가능한 미래를 만들어갈 수
있다.

침묵을 깨울 용기를 가진 자연의 대변인

이시무레 미치코

石牟禮 道子, 1927~2018

"자연을 사랑하고 존중하세요.
우리는 자연의 일부이고,
자연 없이는 살아갈 수 없어요.
작은 일부터 시작해보세요.
쓰레기를 줍는 것, 물을 아끼는 것,
이런 작은 실천이 모여
큰 변화를 만들어낼 수 있어요."

　푸른 바다가 춤추는 작은 어촌 마을, 일본 구마모토현, 미나마타는 바다와 산이 조화롭게 어우러진 아름다운 풍경을 자랑하는 곳이다. 1927년의 따스한 봄날, 이곳의 평화로운 바닷가에서 한 소녀가 태어났다. 이시무레 미치코라는 이름의 소녀는 어부인 아버지와 따뜻하고 자상한 어머니의 사랑을 받으며 자랐다.

　"미치코야, 바다는 우리 가족의 삶이란다. 매일 아침 떠오르는 태양과 함께 고기를 잡으러 나가면, 바다는 늘 우리에게 선물을 주지."

　아버지의 이 말은 어린 미치코의 마음속에 깊이 새겨졌다. 그녀는 종종 어머니와 바닷가를 거닐며 이야기를 나누곤 했다.

　"어머니, 오늘도 바다가 참 예쁘죠?"

　"그래, 미치코야. 우리 마을의 바다는 하늘이 우리에게 준 특별한 선물이란다. 이 맑은 바다가 있어 우리가 행복하게 살 수 있는 거야."

조용하고 수줍음 많았던 미치코는 어린 시절부터 책을 읽으며 새로운 세상을 꿈꾸었다. 자신의 섬세한 감정과 생각을 글로 표현하는 것을 무엇보다 사랑했다. 그녀는 고향의 아름다운 자연과 그곳에서 살아가는 사람들의 소소한 일상과 이야기를 글로 담아내고는 했다.

어린 미치코가 살았던 미나마타는 맑고 투명한 바다에서 은빛 물고기들이 자유롭게 뛰놀고, 사계절 내내 산에는 온갖 꽃과 나무가 가득했으며, 마을 사람들이 모두 한 가족처럼 지내는 '천국'같은 곳이었다. 하지만 1932년, 그녀의 고향에 예기치 않은 큰 변화가 찾아왔다. 경제 발전을 이유로 미나마타에 들어선 공장이 문제였다. 화학 물질을 생산하는 과정에서 생긴 폐수와 오염 물질은 맑고 깨끗하던 바다를 병들게 했다. 바다는 날이 갈수록 점점 탁하고 어둡게 변해갔다. 변해가는 바다는 미치코의 가슴을 아프게 했다.

눈부신 경제 발전 뒤에 숨겨진 어둠, 미나마타병

미나마타는 조상 대대로 물고기를 잡아 생계를 이어가는 작은 바닷가 마을이었다. 1900년대에 들어 경제 발전을 위해 곳곳에 공장을 짓기 시작했고 미나마타시에는 화학 공업 단지가 만들어졌다. '신일본짓소(질소)비료주식회사'가 세운 화학 공장 '신일본짓소비료공장'이 대표적이었다. 미나마타 공장에서 일하는 사람은 늘어났고 지역 경제는 발전했다. 물론 여전히 어업으로 생계를 유지하는 사람들도 있었다.

  펜으로 환경과 인권을 지킨 용감한 작가

1950년대 미나마타의 모습

1956년의 어느 봄날, 미나마타의 평화로운 일상이 깨지기 시작했다. 마을의 고양이들이 하나둘씩 이상한 행동을 보였다. 비틀거리며 걷고, 코를 땅에 박고 물구나무를 서는 등 기괴한 행동을 했다. 마을 어귀에서 한 고양이가 갑자기 발작을 일으키더니 바다로 뛰어 들었다. 처음에는 아무도 심각하게 생각하지 않았지만 점점 더 많은 고양이가 죽어 나갔고, 결국 마을의 모든 고양이가 사라져 버렸다.

그러나 이것은 시작에 불과했다. 얼마 지나지 않아 마을 사람들에게도 무서운 증상이 나타나기 시작했다. 손발을 떨고, 말을 더듬거리거나 시력을 잃어갔다. 걷지도, 말도 못하는 아이들이 여럿 나왔다. 이들을 진료한 신일본짓소비료공장 부속 병원의 의사는 조사 끝에 이 증상들이 공장 폐수로 오염된 미나마타만의 어패류가 원인이라는 내용의 보고서를 제출했다.

　신일본짓소비료주식회사는 즉시 연구를 중단시키고 이 사실을 숨기라고 압박했다. 그러나 의사는 용기 있게 이 사실을 지역 보건소에 신고했고, 마침내 충격적인 진실이 드러났다. 신일본짓소비료공장에서 처리되지 않은 채 방류된 메틸수은 화합물이 바다를 오염시켰고, 이 물질이 어패류에 축적되어 이를 먹은 사람들에게 심각한 중추 신경계 질환을 일으킨 것이었다.

　미나마타병은 1956년에 공식적으로 확인되었지만, 정부는 12년이

미나마타병 진상 규명 시위(유진 스미스 촬영)

지난 1968년이 되어서야 공장 폐수가 원인이라고 인정했다. 그동안 정부는 진실을 숨기고 환자들을 억압했으며, 일반 시민들도 '괴질'이라며 환자들을 피하거나 지역 경제가 나빠질까 걱정해 그들의 호소를 모른 척했다.

미나마타의 눈물, 한 소녀가 목격한 환경 비극

미치코는 아름답고 평화로웠던 미나마타 마을이 공해로 망가져 가는 모든 과정을 곁에서 지켜보았다. 은빛 물고기들이 반짝이던 바다에 온통 죽은 물고기들이 떠올랐고, 악취가 마을 전체를 뒤덮었다. 힘든 고기잡이 일도 거뜬히 해낼 만큼 건강했던 마을 사람들이 간단한 동작도 제대로 해내지 못하게 되었다. 미치코의 이웃 사키코 할머니는 갑자기 물건을 집지 못하게 되었고, 어린아이들은 걷는 것조차 힘들어했다. "기요코가 죽기 전에는 비쩍 말라서 허리가 이리저리 휘어지고 다리도 끈을 엮어놓은 것처럼 비틀려 있었다우." 꽃다운 딸을 먼저 보낸 도키노 아주머니의 가슴 아픈 사연에 미치코는 깊은 슬픔을 느꼈다.

미치코는 미나마타병은 단순한 공해병이 아니라 사회가 환경과 사람을 무시하고 이익만을 추구하면 생명까지도 파괴할 수 있다는 것을 보여주는 상징적인 사건이라고 생각했다.

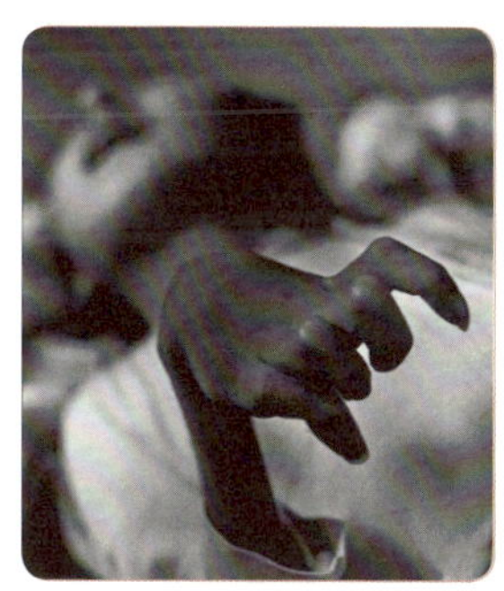

미나마타병 환자의 모습

진보하는 과학문명이란, 더 복잡하고 합법적인 야만 세계로 역행하는 폭력지배를 말하는 것이 분명하다. 동양의 덕성, 그 체질 속에 숨겨져 있는 전제주의와 서구 근대가 기술의 역사 속에서 관철시켜 온 합리주의의 더없이 황폐한 결합으로 일본 근대 화학산업이 발전했고, 이 열도의 공수까지 파고든 종양덩어리의 전모를 미나마타병 사건은 보여주고 있다.◆

미치코는 생명줄이었던 바다가 오염되어 생명을 병들게 하고 있다는 사실이 너무나 고통스러웠다. 특히 미나마타병을 가지고 태어난 아이를 안고 있는 한 어머니가 "우리 아이의 미래는 어떻게 되나요?"라고 물었을 때는 온몸이 떨릴 정도로 심각함을 느꼈다. 그래서 그녀는 이 비극적 현실을 세상에 알려야겠다고 결심했고, 환경운동가이자 작가로서의 새로운 길에 들어서게 되었다.

작가로서의 만남, 고통과 희망의 순간들

미치코는 어릴 때부터 글을 읽고 쓰는 것을 좋아했다. 글에 대한 그녀의 재능은 미나마타병의 진실을 세상에 알리는 데 큰 도움이 되었다. 바다와 자연을 사랑하는 마음, 환경 문제에 관한 관심, 그리고 문학에

◆ 이시무레 미치코, 《고해정토》, 달팽이, 2007.

　　　　　　　　　　　펜으로 환경과 인권을 지킨 용감한 작가

대한 열정이 하나로 어우러져 미치코만의 특별한 세계를 만들었다.

미치코가 진짜 작가가 된 건 미나마타병 사건을 직접 겪으면서였다. 미치코는 이 일을 글로 써야 한다는 의무감을 느꼈다. 처음에는 지역 신문에 글을 쓰기 시작했고, 더 많은 사람에게 이 이야기를 전하고 싶어서 책도 쓰게 되었다.

미치코는 수많은 미나마타병 환자들을 직접 만나 그들의 이야기를 들었고, 피해자 시위에 함께 참여했다. 그뿐만 아니라 미나마타에서 잡은 생선을 함께 먹으며 그들의 아픔에 공감하려고 했다. 환자들을 만날 때마다 너무 마음이 아팠지만 그들이 보여준 용기와 희망 덕분에 포기하지 않고 계속 싸울 수 있었다. 그들의 아픔을 제대로 전할 수 있을지 걱정됐지만, 이 이야기를 세상에 알리는 게 자신의 사명이라고 믿었다. '진실을 말할 용기'와 '약한 사람들의 목소리가 되어주기'는 그녀 삶의 가장 중요한 가치였다. 미치코는 부당한 현실 앞에서 가만히 있지 않았고, 펜으로 진실을 알리고 힘없는 사람들의 목소리를 대신 전하는 데 평생을 바쳤다.

미치코는 미나마타병 환자들이 다 표현하지 못한 깊은 속내까지도 섬세하게 담아내며 이들의 고통을 낱낱이 드러냈다. 미치코의 글을 읽은 사람들은 빠른 경제 발전 뒤에 어두운 현실이 숨겨져 있다는 것을 알게 되었다. 그녀의 진심이 담긴 글은 일본은 물론 전 세계 사람들의 마음을 움직였다. 사람들은 피해자의 권리를 위한 투쟁에 나섰다. 그 결과 1968년, 정부는 드디어 미나마타병이 공해로 인한 병이라는 사실을 인정했다. 오랫동안 고통 받아 온 환자들이 기다리고 기다리던 순간

이었다. 버려진 채 잊혔던 환자들이 마침내 자신들의 존재를 인정받을 수 있었다. 이후 피해자들을 돕는 공해피해구제법(1969년 12월)과 공해건강피해보상법(1974년 9월) 등의 법률이 만들어졌고, 1970년대에는 반공해운동이 전국으로 퍼져나갔다.

미치코는 미나마타 문제 해결을 위해 싸우면서 늘 슬프고 괴로운 순간을 마주해야 했다. 미나마타병 환자들의 고통은 비단 병 때문만이 아니었다. 주변 사람들의 차가운 태도는 이들에게 견딜 수 없는 괴로움을 가져다 주었다. 공장이나 정부의 잘못과 무관심도 문제였지만, 환자들을 외면하고 심지어 보상 과정에서 아픔을 이용해 돈을 버는 사람으로 취급하는 이웃의 태도는 더 큰 문제였다. 돕는 사람들조차 환자들의 마음을 진심으로 이해하지 못해 상처를 주었다. 이런 광경을 목격한 미치코는 자신이 인간이라는 사실이 고통스러웠다고 고백했다.

하지만 놀랍게도 미치코는 미나마타 사람들의 슬픈 이야기 속에서 특별한 것을 발견했다. 큰 고통을 겪은 사람들이 삶을 더 소중히 여긴다는 것이다. '아픔의 바다'가 오히려 '평화로운 땅'이 되는 신기한 일이 일어났다. 병을 고칠 수는 없었지만, 환자들은 예전의 평범했던 일상을 떠올리며 행복을 느꼈다. 미나마타 주민들이 바다와 함께했던 아름다운 추억은 읽는 사람의 마음을 따뜻하게 했다. 미나마타 어부들이 평화로운 마음을 가질 수 있었던 것은 바다를 전적으로 믿고 의지하며, 마을 사람들과 함께 나누는 삶이 있었기 때문이다. 미치코는 이런 삶의 소중함과

펜으로 환경과 인권을 지킨 용감한 작가

자연과 함께 살아가는 기쁨을 작품으로 전하고 싶었다.

고통의 바다 속의 낙원, 고해정토 苦海浄土

미치코의 대표작《고해정토: 우리의 미나마타병》은 단순한 사실 기록이나 현장 보고서를 넘어, 미나마타병 피해자들의 절절한 마음속 이야기를 담아낸 뛰어난 작품이다.

이야기는 1963년, 한 소년으로부터 시작된다. 미나마타의 바닷가에서 만난 열여섯 살 소년 큐헤이는 홀로 야구 연습을 하고 있었다. 몸이 불편하고 눈도 잘 보이지 않았지만, 그는 끊임없이 공을 던졌다. 가족과 친구를 미나마타병으로 잃은 그는 검사받기가 두려웠다. 다른 지역에서 온 사카가미 유키는 남편과 함께 바다에서 고기를 잡다 병에 걸렸고, 혼자서는 생리도 해결하지 못해 결국 이혼 당했다. 어린 모쿠타로는 어머니가 떠나고 아픈 아버지 대신 조부모와 함께 자랐다. 태어날 때부터 미나마타병을 가진 그는 힘겹게 하루하루를 견뎌냈다. 열일곱 유리는 너무도 예쁘게 태어났으나, 이제는 인형처럼 누워서 우유를 먹으며 살아간다. 바다를 집처럼 여기던 어부들은 이제 그곳에서 쫓겨났다. 이들은 욕심 없이 살았고, 가난조차 하늘이 준 운명이라 여기며 열심히 살아왔다. 하지만 경제 발전이 가져온 자연 파괴는 그들의 삶을 완전히 망가뜨렸다.

이 작품으로 미치코는 뛰어난 작가이자 사회 비평가로 인정받았다.

《고해정토》는 1970년 제1회 오오야소이치 논픽션상에 선정되었으나, 그녀는 이를 거절했다. 대신 1973년, 아시아의 노벨상이라고도 불리는 가장 권위 있는 인도주의상인 라몬 막사이사이상을 받으며 글쓰기 실력과 사회 공헌을 세계적으로 인정받았다.

"이 상을 받았을 때, 저는 기쁨보다는 무거운 책임감을 느꼈습니다. 이제 더 많은 사람들이 미나마타병에 관심을 가질 것이고, 그만큼 제가 해야 할 일도 더 많아졌다고 생각했지요. 이 상은 제게 주어진 새로운 출발점입니다." 이 수상을 계기로 국제사회가 미나마타병을 주목하게 되었다. 세계 각국의 언론이 미나마타의 현실을 다루기 시작했고, 환경 오염과 인권 문제에 대한 논의가 활발해졌다. 미치코는 이러한 관심을 피해자들의 권리 향상으로 이어가고자 더욱 열정적으로 활동했다.

미치코는 《고해정토》 이후에도 꾸준히 글을 썼다. 《동백꽃 바다 이야기》를 시작으로, 《천국의 호수》, 《아니마노토리》 등의 작품에서 환경과 인권 문제를 이야기했다. 1993년에는 《이자요이 다리》로 무라사키시키부 문학상을, 2002년에는 아사히상을, 2003년에는 《부끄러움의 나라》라는 시집으로 예술선장 문부과학성 대신상을 받았다. 2004년부터 시작된 이시무레 미치코 전집 '시라누이'는 2014년에 전 18권으로 완성되었는데, 여기에는 《고해정토》의 뒤를 잇는 2부 《신들의 마을》과 3부 《하늘의 물고기》가 수록되었다. 2011년에는 그

미나마타병 환자 기록 사진

펜으로 환경과 인권을 지킨 용감한 작가

녀의 작품이 가와데쇼보 세계문학전집에서 유일한 일본 작가의 작품
으로 선정되는 영광을 얻었다.

2018년 2월, 90세의 나이로 세상을 떠나기까지 미치코는 자연다움과
사람다움을 되찾기 위한 글쓰기를 멈추지 않았다.

변화를 위한 공동체의 노력

미치코는 미나마타병 피해자들과 그들의 가족들 곁에서 늘 이들의
목소리에 귀 기울이며, 함께 투쟁했다. 미치코는 공동체의 힘에 대해
이렇게 말한다. "혼자서는 할 수 없는 일도 여럿이 힘을 모으면 가능해
져요. 미나마타 주민들과 함께할 때마다 저는 그 힘을 느낄 수 있었죠."

그들은 함께 집회를 열고, 서명운동을 펼쳤다. 때로는 정부와 기업을
상대로 소송도 진행했다. 이 과정에서 미치코는 개인의 노력도 중요하
지만, 여러 사람이 힘을 모을 때 진정한 변화가 일어날 수 있다는 것을
배웠다. 미치코 곁에는 많은 동료와 지지자도 함께했다. 특히 남편인
이시무레 구니오는 미치코의 가장 든든한 지원자이자 동반자였다. 구
니오 역시 미나마타병 문제 해결을 위해 헌신적으로 노력했고, 미치코
의 활동을 절대적으로 지지했다.

세계적으로 유명한 사진작가 유진 스미스와 그의 아내 아일린 스미
스는 미치코와 긴밀히 협력하며 미나마타의 비극을 전 세계에 알리는
데 큰 역할을 했다. 그들의 사진은 미치코의 글과 함께 미나마타병의

유진 스미스와 아일린

실상을 생생하게 전달했다. 미나마타병 피해자들과 그 가족들 역시 미치코의 중요한 동료였다. 그들의 증언과 경험은 미치코의 글에 생명력을 불어넣었다.

이 밖에도 많은 의사, 과학자, 법률가, 그리고 시민 활동가들이 미치코와 함께 미나마타병 문제 해결을 위해 노력했다. 이들과의 협력과 연대는 미치코가 더 큰 영향력을 발휘하고, 더 많은 사람들에게 진실을 알릴 수 있게 도와주었다.

여기서 우리가 배울 수 있는 중요한 교훈이 있다. 바로 '함께하는 힘'이다. 미치코는 혼자서 모든 것을 하지 않았다. 그녀는 피해자들의 이야기를 듣고, 다른 사람들과 협력해서 큰 변화를 만들어냈다. 이것은 '연대'의 중요성을 보여줬다. 혼자서는 힘들어 보이는 일도, 함께하면 가능하다. 우리도 주변 사람들과 협력하면 더 나은 세상을 만드는 주인공이 될 수 있다.

미치코의 꿈과 끝나지 않은 싸움

이시무레 미치코의 유산은 국경을 넘어 전 세계로 퍼져나갔다. 그녀의 이야기는 〈미나마타의 소리〉 다큐멘터리, 아사히신문의 〈이시무레

펜으로 환경과 인권을 지킨 용감한 작가

미치코와의 대화〉, NHK의 〈현대의 증언〉, 그리고 미국 PBS의 〈미나마타의 교훈〉 등 다양한 매체를 통해 전해졌다. 이를 통해 환경 오염의 위험성과 인권 보호의 중요성이 널리 알려졌다.

미치코의 삶은 환경 보호와 사회 정의의 소중한 본보기가 되었다. 그녀가 꿈꾸던 미나마타병 문제의 완전한 해결과 피해자들의 정당한 배상은 아직 진행 중인 과제로 남아있지만, 그녀의 노력은 많은 이들에게 영감을 주고 있다.

미치코가 남긴 가르침은 다음과 같다.

미나마타병 시립박물관 기념비

미나마타 사태를 세상에 알린 사람들

미나마타 사태의 진실을 세상에 알리고 함께 싸운 사람은 이외에도 하라다 마사즈미, 우이 준, 구와바라 시세이가 있다. 하라다 마사즈미는 미나마타학을 처음 만든 사람으로, 미나마타병을 체계적으로 연구한 사람이다. 우이 준은 일본의 환경학자로 일본 곳곳에서 발생한 공해 사건의 역사를 담은 《공해원론》을 집필했다. 일본 공해반대운동을 펼쳐나간 환경운동가이기도 하다. 구와바라 시세이는 미나마타 사태를 사진으로 기록한 사진작가이다. 그는 반세기에 걸쳐 미나마타 사건의 경과를 취재해 사진으로 기록했다. 유진 스미스도 구와바라의 사진집을 접하고 미나마타 현장을 촬영하기 시작했다고 한다.

2011년 후쿠시마 원전 사고 현장 사진 ⓒDigital Globe

"자연을 사랑하고 존중하세요. 우리는 자연의 일부이고, 자연 없이는 살아갈 수 없어요. 작은 일부터 시작해 보세요. 쓰레기를 줍는 것, 물을 아끼는 것, 이런 작은 실천이 모여 큰 변화를 만들어낼 수 있어요."

"주변의 약자들에게 관심을 가져주세요. 불공정한 일을 보면 목소리를 내세요. 여러분의 작은 관심과 행동이 누군가에게는 큰 힘이 될 수 있답니다. 함께 힘을 모아 더 나은 세상을 만들어 갑시다."

미치코의 당부는 오늘날 더욱 절실해지고 있다. 발전과 풍요라는 이름으로 포장된 성장 제일주의가 우리의 생명과 자연을 위협하고 있기 때문이다. 일본 도쿄전력의 방사능 오염수 방출은 과거 미나마타의 교훈을 잊은 것이 아닌가 하는 우려를 자아낸다.

인류는 지난 세기 동안 큰 환경 참사를 여러 번 겪었다. 1956년 미나마타병, 1984년 인도 보팔 참사, 1986년 체르노빌 핵사고, 그리고 2011년 후쿠시마 원전 사고 등 인간의 욕심이 빚어낸 비극이 반복되고 있다. 특히 미나마타병과 후쿠시마 사고는 바다가 오염되어 생태계 전체를 위협했다는 공통점이 있다.

우리나라 역시 온산병, 가습기 살균제 사고 등 유사한 문제를 겪었다. 특히 미치코는 온산병 사태에 깊은 관심을 보이며 1993년 하라다

펜으로 환경과 인권을 지킨 용감한 작가

마사즈미 박사와 함께 현장을 방문하기도 했다. 하라다 박사는, 환경 문제는 어머니의 자궁에서부터 시작된다며 경각심을 일깨웠다.

2023년 후쿠시마 원전 방사능 오염수 방류 사태는 우리에게 또 다른 시험대가 되고 있다. 2017년 수은의 사용과 배출을 관리하는 '미나마타 협약'을 체결하며 미나마타의 비극을 잊지 말자는 전 세계의 다짐에도 불구하고, 여전히 과거의 실수를 반복하고 있다. 바다는 우리의 생명줄이며, 한번 오염되면 회복이 거의 불가능하다. 더 이상 우리의 바다가 오염 물질의 처리장이 되어서는 안 된다.

우리나라 최초의 공해병 '온산병'

우리나라는 1960년대부터 산업을 발전시키겠다는 목표로 곳곳에 공장을 세웠다. 그중 경상남도 울산광역시 울주군 온산읍에는 1974년 중화학공업단지로 지정되어 화학 물질을 다루는 다양한 공장들이 들어섰다. 공장이 가동되고 8년이 지난 1982년부터 주민들에게 몸 이곳저곳이 아프고 심하면 손발이 마비되는 이상증세가 나타나기 시작했다. 나이와 상관없이 집단으로 같은 증상을 호소하자 정부에서 원인을 조사하기 시작했다. 정부에서는 온산병을 두고 공해병이 아닌 '환경성 질환'으로 표현했다. 수질 오염이 질병에 영향을 미친 것은 사실이지만 직접적인 원인이 아니라고 한 것이다. 이에 '한국공해문제연구소'라는 환경 단체에서 미나마타병 연구로 이름이 알려진 하라다 마사즈미 박사를 초대해 현지 조사를 나갔고 온산병 피해자와 만나 대책을 논의하고 반박 성명을 발표했다. 공방 끝에 정부에서는 주민들을 이주시키는 것으로 사태를 마무리 짓고자 했다. 결국 온산병은 공해병으로 인정받지 못했지만 우리나라 국민들로 하여금 공장이 환경에 미치는 영향을 민감하게 받아들이게 된 계기가 되었다.

이시무레 미치코가 평생을 바쳐 싸운 환경과 인권 문제는 아직 끝나지 않았다. 하지만 그녀의 유산과 가르침은 우리에게 희망과 용기를 준다. 바다에 의존해 살아가는 모든 생명체를 위해, 우리는 미치코의 가르침을 기억하고 실천해야 한다.

그녀의 꿈은 이제 우리 모두의 과제가 되었다.

펜으로 환경과 인권을 지킨 용감한 작가

생명의 기원, 바다를 수호하는 해양 과학자

실비아 얼

· Sylvia Earle, 1935~ ·

"저는 바다가 건강을 되찾을 수 있도록
우리가 적극적으로 도와야 한다고 생각해요.
바다의 건강은 곧 우리의 건강과 연결되거든요."

곧 비가 올 것같이 어둑어둑한데, 실비아가 보이지 않았다. 엄마는 한동안 실비아를 찾아다니다가 부엌 식탁에 나란히 앉아 열심히 숙제 하고 있는 아들 둘을 발견했다.

"스킵, 이반, 너희들, 누나 지금 어디 있는지 아니?"

엄마의 물음에 남자아이들은 한 목소리로 대꾸했다.

"멕시코만!"

"또?"

"누나는 바다 좋아하잖아요. 우리가 이사 온 집 바로 코앞에 멕시코 만이 있다는 건 말이죠, 실비아 누나더러 멕시코만 바닷물에 아주 들어 가 살아라, 라고 허락해 준 거나 마찬가지라고요."

스킵이 빙긋 웃으며 말하자, 실비아 엄마는 스킵과 이반의 머리를 한 번씩 쓰다듬어 주고 집 밖으로 나왔다. 빗방울이 떨어지기 시작했다.

엄마가 우비와 우산을 집어 들고 집을 막 나서려는 참에 실비아가 얼마 전 생일 선물로 받은 물안경을 손에 들고서 종종걸음으로 바삐 집 쪽으로 걸어오는 게 보였다.

"데리러 가려고 했었단다. 날씨가 점점 추워지고 비가 올 것 같아서."

"오늘 좀 늦었죠, 죄송해요. 물속에 있으면 추운 걸 잘 몰라서요."

실비아가 어깨를 으쓱하며 웃었다. 모녀는 손을 잡고 집 안으로 들어왔다. 실비아가 부엌에 들어서자 장난꾸러기 남동생 둘이 실비아를 놀렸다.

"올챙이 누나, 올챙이 누나, 올챙이 누나! 푸하하!"

실비아는 동생들이 놀려도 기분이 상하지 않았다. 며칠 전 아빠가 지어준 올챙이라는 별명이 싫지 않았다.

"그래그래, 올챙이 누나가 왔다. 누난 올챙이라서, 물속에 들어가면 숨도 안 쉬고 살아있을 수 있다! 난 1분 동안 숨을 참을 수도 있다고."

실비아는 짐짓 자랑스러운 듯 말했다. 하지만, 훗날 고등학생이 되어 참여하게 된 잠수 수업 첫날 실비아는 물속에 들어갔을 때 숨을 참으면 큰일 난다는 것을 배우게 되었다. 해럴드 험 교수가 '잠수하는 동안 호흡을 참다가 호흡을 참은 상태에서 물 위로 올라오면 압력의 변화 때문에 폐가 부풀어 올라 폐 조직이 찢어질 수 있다'는 사실을 가르쳐 주었기 때문이다. 무심결에라도 잠수 도중 호흡을 참아서는 안 된다는 일명 '잠수원칙 1호'.

잠수원칙 1호를 알려준 험 교수의 가르침을 잘 받은 실비아는 훗날

     생명의 기원, 바다를 수호하는 해양 과학자

'최초', '1호'라는 별명이 늘 따라붙는 해양 생물학자로 성장한다.

헤엄치는 것 아니고 날아가는 것

수중 호흡기SCUBA를 개발한 발명가 자크 쿠스토는 핵폐기물 바다 투기 반대운동으로 이름이 알려진 해양 탐험가다. 그는 《고요한 세상》이라는 책에서, 잠수할 때의 기분에 대하여 아래와 같이 표현했다.

"나는 날개처럼 두 팔을 활짝 펴고 하늘을 나는 꿈을 자주 꾸었다. 그런데 이제 날개가 없이도 날 수 있다."

실비아도 물속에 들어갔을 때 같은 느낌을 받았다. 실비아는 바닷물 속에서 '헤엄친다, 수영한다'는 생각을 해본 적이 거의 없다. 그보다는 비행한다, 날아간다고 느꼈다. 실제로 실비아는 바다에서 부드럽게 움직일 때마다 자신이 물속에서 날아다니고 있다는 황홀한 느낌에 빠져들고는 했다. 몸 아래의 물결은 바닥으로 떨어지지 않도록 떠받쳐 주었다. 몸 위의 물결은 실비아의 몸이 사방으로 흔들리지 않도록 섬세하게 꾹꾹 누르며 붙잡아 주었다.

잠수가 좋아 잠수에 몰두하다 보니, 실비아는 20대 중반이었던 1960년대 중반에 연구자 70명 중 단 한 명의 '최초의 여성 잠수 참가 연구자'라는 전무후무한 기록을 세웠다. 물론 실비아는 '오직 한 명'이 되겠다, '최초'가 되겠다고 생각한 적이 없었다. 그저 험 교수의 추천을 받았고, 해보고 싶어서 신청서를 냈을 뿐이었다. 그 결과 실비아는 연구원

70인 중 유일한 여성 연구원으로 선정되었다. 해양 잠수 분야에 여성의 참여가 거의 없었던 시대였기에 실비아는 무엇을 하든 '단 한 명' 그리고 '최초'가 되었다.

수염 없는 해양 생물학자

한창 활발히 활동하던 때 실비아는 '수염 없는 해양 생물학자'라는 독특한 별명으로 불렸다. 해양 생물학자로서 의견을 이야기하기 위해 TV 프로그램에 출연하면, 사람들은 기대와 달리 키 작은 여성이 나타난 것을 보고 은근히 놀라는 기색이었다. 그러다가 실비아가 조용히 부드러운 어조로 말을 시작하면 아예 대놓고 깜짝 놀랐다. 키도 작고, 몸집도 작고, 목소리도 작고, 게다가 수염도 없는 해양 생물학자라니!

실비아는 미국 사회에 여전히 존재하는 편견들에 그때그때 대응하지 않고 빙그레 웃어넘겼다. 그저 자신의 지식과 실력을 보여주는 데 집중했다. 또한 실비아는 자신이 하고 싶고 또 할 수 있는 해양 잠수 연구 기회가 오면 절대 머뭇거리거나 주저하지 않았다. 실비아는 잠수 탐사 연구 사업이 공지되면, 정성껏 작성한 연구 계획서를 연구 주최 기관에 제출하고, 자신의 연구 계획서가 선정되면 여러 상황을 조절해 소중한 연구 기회를 잡았다. 이런 식으로 한 건 두 건 연구 경력을 쌓아나갔다.

1968년 '딥다이버Deep Diver'라는 특수 잠수함이 개발되고 얼마 지나

     생명의 기원, 바다를 수호하는 해양 과학자

지 않은 때였다. 딥다이버 연구팀은 실비아에게 잠수 연구를 제안했다. 공교롭게도 그때 임신 5개월이었던 실비아는 고민이 되었다. 실비아는 병원에 가서 먼저 의사에게 의견을 물었다. 의사는 충분히 진찰한 뒤, 괜찮다고 말해주었다. 실비아는 기쁘게 잠수 연구팀에 합류했다.

딥다이버 잠수함은 실비아를 수심 38m까지 데려다주었고, 실비아는 바다 바닥을 한 시간 반 동안 천천히 산책하며 해초를 채집했다. 뱃속에 있는 5개월짜리 아이와 함께한 이때의 잠수가 실비아가 평생 했던 것 중 가장 긴 시간의 잠수였다. 이 잠수 연구를 마치고 5개월 뒤 실비아는 무사히 아기를 출산했다.

실비아는 일생 동안 무려 칠천 시간이라는 놀라운 잠수 기록을 세웠다. 일곱 시간도 아니고 칠십, 칠백 시간도 아니고 칠천 시간이다! 게다

국립 야생 동물 보호 구역에 첫 다이빙을 한 실비아(2017년 사진)

가 실비아는, 1935년생으로 2025년 현재 아흔 남짓의 나이임에도, 여전히 본인의 잠수 기록을 늘려가는 중이다. 후배 연구자들은 실비아가 잠수하는 모습을 보면 깜짝깜짝 놀란다. "저 연세에 어떻게 저렇게 나는 듯이 부드럽게 잠수를 하시지?" 하면서 말이다. 바닷물 속에서 잠수복을 입고 두둥실 나는 듯 헤엄치는 실비아의 모습은 아주 활달해 보인다. 바닷물 속에서 만큼은 청년 못지않게 말 그대로 훨훨 난다.

바다는 생명의 기원

1970년 실비아는 미국 항공우주국NASA에서 기획한 제11차 '텍타이트 연구 사업'에 지원했다. 실비아가 지원해서 선정되기 전까지 '텍타이트 연구 사업'은 그동안 남성 과학자들로 구성된 연구팀이 쭉 주관해 오던 연구 사업이었다. 그러던 것이 실비아의 지원으로 성별 구성이 뒤바뀌게 되었다. 주최 측에서 팀장이 여성으로 확정되었으니 이 참에 팀원 모두를 여성으로 구성하면 어떻겠냐고 제안해 왔기 때문이다. 실비아는 흔쾌히 찬성했다. 그리하여 1970년 '텍타이트 연구 사업' 열한 번째 연구팀은 전원 여성으로만 꾸려졌다. 그랬더니 언론은 이례적으로 그해의 연구 사업 파견단을 "인어"나 "미스 아쿠아"라고 호칭했다. 이전 10회가량 전원 남성이었던 연구팀이 연구했을 때는 단 한 번도 언론에 보도된 적 없었던 낯선 단어들이었다. 하지만, 과거 실비아가 70명 전원 남성으로 구성된 '안톤 브룬' 해양 연구단에 홍일점으로 참가했을

　　　　　　　　生命의 기원, 바다를 수호하는 해양 과학자

때도 언론은 실비아를 연구자로 보기보다는 '여성'으로만 봤었기에 실비아는 화내지 않았다. 이번에도 빙긋 웃어넘겼다. 그러고는 전원 여성인 팀원들과 만났을 때 이렇게 말했다. "사람들은 우리가 진행할 연구 내용이 아니라 우리가 여자라는 사실 때문에 놀랐나 보네요."

실비아는 두 가지 이유로 이 연구 사업을 신청했다. 첫째는 팀원들과 함께 진행할 새로운 연구에 대한 벅찬 기대, 둘째는 연구 기간(2주일) 내내 바닷물 속에서 있을 수 있다는 것이었다. 비록 2주일이라는 짧은 기간이지만 바닷물 아래로 깊이 내려가, 바닷물에서 나오지 않은 채 여러 바다 생물들과 함께 해저 주택에서 거주하는 경험은 실비아에게 '생명이 움트는' 놀라운 곳에서 머무를 수 있는 대단한 사건이었다.

2주일 동안 바닷속에 살며 연구를 진행한다는 건 무척 즐거운 경험

텍타이트 연구 사업 당시 찍은 사진, 잠수 장비 훈련을 받고 있는 모습 ⓒNOAA

이기도 했지만, 위험한 도전이기도 했다. 한번은 2인 1조로 해저 주택 텍타이트 바깥으로 나와 탐색 작업을 하던 중이었다. 실비아는 갑자기 호흡이 힘들어졌다. 실비아의 공기통에 공기가 다 떨어진 게 분명했다. 실비아는 순간 겁이 났지만 침착하게 동료를 향해 수신호를 보냈다. 공기가 떨어져서 호흡하기 어렵다는 신호, '한 손가락으로 목을 자르는 행동'을 보여주었다. 동료는 얼른 그 수신호를 알아보았다. 이윽고 두 사람은 하나의 호흡기를 번갈아 사용해 텍타이트로 무사히 돌아올 수 있었다. 참으로 아찔한 순간이었다. 돌이켜 보면 '생명의 기원' 속에서 '생명의 위협'을 느낀 아이러니한 순간이기도 했다. 그러나 다시 생각해 보면 그 순간은 '생명의 숭고함'을 배운 순간이었다. 망망한 바다, 광활한 바다, 깊은 바닷물은 그야말로 생명을 주관하는 공간이었다.

그날 이후 실비아는 세상 사람들이 단 하루만이라도 물속에서 살아 보았으면 좋겠다고 생각했다. 저명한 해양학자가 화려한 언어로 강의하지 않아도, 바닷물 속에서 지내다 보면 스스로 생명의 깊은 의미를 터득할 수 있다고 믿었다. 실비아는 모든 사람이 생명의 깊은 의미를 깨닫는다면 자연스럽게 바다를 존중할 수 있게 될 것이라 확신했다.

텍타이트 연구 사업 이후 실비아는 이전보다 더

텍타이트 내부 수중 탐사자와 실비아 얼 ©NOAA

   생명의 기원, 바다를 수호하는 해양 과학자

유명해 졌다. 텔레비전에 더 많이 출연해야 했다. 과학 잡지 《내셔널 지오그래픽》에서 텍타이트 연구 사업에 대한 심층 보도 기사를 쓰겠다는 연락이 오기도 했다.

실비아는 이제 유력한 해양 생물학자였다. 새로운 해저 탐험 연구 사업이 기획될 때마다 사람들은 누구보다도 먼저 실비아의 의견을 물었다.

바다와 우주의 공통점

1975년 실비아는 '존슨 씨 링크Johnson Sea Link'에서 개발한 잠수함에 타서 탐사 임무를 이끌어달라는 제안을 받았다. 이번 탐사 연구는 이전과는 달리 매우 독특했다. 얼핏 우주 탐사 실험과 유사했다. 실비아는 이전에도 우주와 바다가 비슷하다는 생각을 여러 번 했었다. 우주와 바다는 끝도 없이 넓고, 그 시초를 인간의 지식으로 아직 다 알지 못하며, 아무 장비 없이 섣불리 들어가면 안 된다는 점도 비슷하다. 그뿐인가. 우주와 바다 모두 무중력 상황이라는 사실도 비슷하다.

존슨 씨 링크 탐사 연구는 다음과 같이 진행되었다. 우선 수심 20m에 설치된 해저 실험실에 연구자와 기술자가 함께 내려간다. 우주로 보면 우주정거장인 셈이다. 실비아는 그 우주정거장에서 '존슨 씨 링크'라는 작은 잠수함으로 갈아탄다. 실비아는 존슨 씨 링크를 타고 해저 실험실을 떠나 더 깊은 바닷속으로 내려가고 있을 때의 기분을 "고급 택시를 탄 기분이었어요."라고 이야기했다.

존슨 씨 링크로 수심 83미터까지 내려간 실비아는 잠수함 바깥으로 나와서 해초를 탐사했다. 그때 실비아는 처음 보는 초록색 해초를 발견했다. 실비아는 그 귀여운 해초에게 '존슨 씨 린키아 프로푼다Johnson Sea Linkia Profunda'라는 긴 이름을 붙여주었다. 존슨 씨 링크에게 바치는 선물의 의미였다.

실비아가 한결같이 외친 말 "바다를 존중하세요."

해양학자 중에서 누구도 무시할 수 없는 연구 경력과 잠수 경력을 갖추었을 때, 실비아는 정부 기구에 들어가서 일할 기회를 얻었다. 1990년에 '국립해양대기청 NOAA' 수석 과학자로 임명된 것이다. NOAA에 근무하는 동안 실비아가 맡았던 큰 연구 사업 중 하나는 걸프전 (1990~1991) 이후 생태환경 피해에 관한 조사였다. 걸프전은 미국이 주도한 34개국 다국적 연합군 병력에 의해 수행된 전쟁으로 이라크의 쿠웨이트 침공 및 병합에 미국이 반발하면서 일어났었다.

실비아는 팀원들과 함께 걸프전의 전쟁터, 페르시아만으로 날아갔다. 실비아가 관찰한 걸프전 후유증은 예상했던 것보다 훨씬 심각했다. 생태계는 철저하게 파괴되어 있었다. 실비아는 자신이 조사하고 탐사한 자료를 토대로 정직하게 사실적으로 '환경 영향 탐사' 보고서를 작성해서 발표했다. 그러자 당시 정부는 실비아의 보고서가 마음에 들지 않았다. 국가 주도로 일으킨 전쟁을 '부당한 전쟁'으로 지적하는 것 같아서였다.

실비아는 다른 관료들이 자신을 부담스러워한다는 것을 알았지만, 용감하게 보고서를 발표했다. 실비아는 정부 관료로 일하는 동안에도 자신의 메시지를 전파하는 것을 포기하지 않았다. 바다를 존중하지 않는 집단을 가차 없이 비판했고, 해양 오염을 해결하기 위한 정책을 제시하려고 노력했다. 자그마한 몸집에 수줍은 미소, 조용조용한 음성으로 "바다를 존중하세요."라는 메시지를 언제나 힘주어 말했다.

그러나 결국 실비아는 정부 기구에서 일하면서 자신의 메시지를 전달하는 데 어려움을 느끼고, 2년 만에 NOAA 수석 과학자 직책을 내려놓았다. 정부 기구에서 생태환경을 돌보는 과제를 감당하는 데 한계가 느껴졌던 것이다. 이후 실비아는 자신이 직접 단체를 만들어 해양 생태계를 위해 일하기 시작한다.

환경운동가가 된 해양 과학자

2009년 실비아가 설립을 주도해 활동을 시작한 '미션 블루'는 해양 보호 활동을 주로 펼치는 비영리 민간 단체다. '바다의 미래는 우리의 미래와 연결되어 있다'는 내용의 테드TED 강연으로 실비아가 받은 2009년 테드 우승자 상금 10만 달러를 단체 설립의 종자돈으로 삼았다.

미션 블루는 전 세계에 '호프 스팟Hope Spot'을 지정하고 그 여러 호프 스팟을 연결하고, 호프 스팟을 홍보하는 활동을 펼친다. 호프 스팟이란, 주요한 해양 생태계가 조성되어 있어 각별한 보호가 필요한 지역을 의미한다. 실비아는 육지 생태계 중에서 특별한 보호가 필요한 지역을 '국립 공원'

2016년 오바마 전 대통령이 미드웨이 해역에 방문해 실비아 얼과 대화를 나누는 모습

등의 이름으로 지정해서 돌보듯, 바다 생태계에서도 보호가 필요한 지역을 지정해 돌봐야 한다고 주장한다.

호프 스팟 선정 기준은 생물다양성, 탄소 흡수 여부, 서식지 특수성 등이다. 2022년 6월 기준 전 세계에서 140개 구역이 선정되어 보호 중이고, 22개 구역은 심사 중이다. 호프 스팟은 해양 과학자들과 정책 전문가들이 모여 연 2회 심사를 통해 지정한다. 호프 스팟으로 지정되면 시추, 어업, 자연물 채취 등이 법적으로 금지된다.

바다의 건강과 우리의 건강은 연결되어 있다

실비아가 특히 주목하는 해양 생태계 문제는 크게 두 가지다. 첫째는 '바다 쓰레기' 문제다. 요즘 들어 잠수할 때마다 실비아의 눈에 제일 먼저 들어오는 것은 바닷속 생물들이 아니다. 그것은 너저분하게 흘러 다니거나 뭉쳐있는 바다 쓰레기 더미다. 실비아가 관찰하는 바다 중에서 바다 쓰레기가 없는 곳은 한 곳도 없다. 바닷물 속에서 목격했던 쓰레기 더미를 떠올릴 때마다 실비아는 절로 한숨을 짓는다.

둘째는, 기후변화로 인해 바닷물 온도가 높아지면서 발생하는 불안한 징후들이다. 기후변화로 지구 전체가 뜨거워지는데, 바다는 그 뜨거운 대기의 열기를 90%가량 빨아들인다. 그래서 바닷물 온도는 하루가 다르게 쑥쑥 올라가는 중이다. 바닷물 온도가 빠르게 올라가면서 가장 빠르게 아픈 증세를 보이는 바다 생물이 나타났다. 그것은 동물이기

　　　　　　　　　생명의 기원, 바다를 수호하는 해양 과학자

도 하고 식물이기도 한 '산
호초'다. 물 온도가 너무 높
아지는 바람에 산호초가 제
일 먼저 건강을 잃었다. 산
호초 건강의 최초 위험 증상
은 '백화 현상'이다. 실비아
는 1970년대까지는 산호초
들이 대체로 건강했었다고
기억한다. 그러나 2024년 산
호초들은 대부분 하얗게 변
해버렸다. 그래서 실비아는
기회 있을 때마다 말한다.

정상 산호초(위)와 백화 산호초(아래)

"사람들은 바다가 아주 넓
어서 쉽게 망가지지 않을 거
라고 생각해요. 하지만 사람들은 끊임없이 바다에 쓰레기를 버렸고, 계
속해서 바닷속 자원을 빼앗았어요. 바다는 빠른 속도로 망가지고 있어
요. 바닷속에 들어가 보면 바다가 얼마나 망가졌는지 금방 알 수 있어
요. 저는 바다가 건강을 되찾을 수 있도록 우리가 적극적으로 도와야
한다고 생각해요. 바다의 건강은 곧 우리의 건강과 연결되거든요."

실비아는 여전히 해양 환경 문제 해결을 촉구하기 위해 활발하게 활
동한다. 미션 블루를 통해 전 세계의 해양 과학자들을 연결하고 해양
생태계 보존을 위한 시위와 행사가 열리면 아무리 먼 곳이라도 달려간

실비아 얼

다. 최근 2025년 미국 정부가 NOAA의 예산을 줄이자 해양 생태계를 연구를 소홀히 하면 해양 생태계를 넘어 전 지구에 영향을 미치게 될 것이라며 적극적으로 비판한 바 있다. 바다를 존중하라는 실비아의 군건한 목소리는 오늘도 여전히 세상을 울리고 있다.

생명의 기원, 바다를 수호하는 해양 과학자

왕가리 마타이

· Wangari Muta Maathai, 1940~2011 ·

"우리가 심는 각각의 나무는
평화의 씨앗이자 희망의 씨앗입니다.
그것은 우리의 미래를 위한 투자입니다."

왕가리 마타이가 미소를 지으며 말했다. 1940년 4월 1일, 영국 식민
지 시대의 케냐 중부 고원 니에리 지역에서 태어난 왕가리 마타이는 키
쿠유족 출신이었다. 키쿠유족에게
나무는 단순한 재료가 아니라 신령
스러운 기운이 깃들어 있는 신성한
존재였다. 그렇기에 나무를 함부로
베지 않았다. 나무의 깊은 뿌리는 빗
물을 저장해 깨끗한 물로 만들어 주
고 가뭄과 홍수를 막아주는 역할을
했다. 하지만 경제 발전을 이유로 나
무들은 무참히 베어졌고, 아프리카

키쿠유족 전통 무용 ⓒCollectie Wereldmuseum

사람들은 가뭄과 홍수로 고통 받았다. 왕가리는 이러한 고통을 조금이라도 줄이고 싶었다. 이것이 그녀가 2011년 폐암으로 세상을 떠날 때까지 71년의 생애를 환경운동가이자 사회 활동가로서 보낸 이유다.

"그런데 어떻게 나무 심기 운동을 시작하게 되셨나요?"
한 기자가 물었다.
"1977년, 농촌 여성들이 저를 찾아왔어요. '마실 물이 부족하고, 땔감도 없어요.' 그들의 이야기를 듣고 깨달았죠. '우리가 직접 나무를 심어야 해!'"

왕가리는 직접 시골 마을을 찾아가 모종을 나눠 주고 함께 나무를 심고 돌봤다. 이런 왕가리를 보고 사람들은 나무 한 그루로 무엇을 바꿀 수 있겠냐며 어리석다고 손가락질했다. 초기 그린벨트운동을 함께했던 회원은 "처음에는 아무도 믿지 않았어요. 하지만, 왕가리는 늘 말했죠. '한 사람이 심은 작은 씨앗이 언젠가는 거대한 숲이 될 거예요.'"라고 회상했다. 그렇게 시작된 작은 움직임이 1200만 그루의 나무를 심는 어마어마한 환경운동으로 발전하게 되었다. 한 사람의 의지가 거대한 세상을 바꾼 것이다.

꿈을 향한 끊임없는 도전

왕가리는 아프리카의 여느 여자아이와 마찬가지로 집에서 어머니를 도와 일했다. 밭을 갈고, 작물을 수확하고 물을 길어오면 하루가 끝나 있었다. 당시 아프리카에서는 아들은 학교에 보냈지만, 딸은 그런 아들이 학교에 잘 다닐 수 있도록 집안일을 도와야 했다. 하지만 왕가리의 부모는 교육에 남다른 관심이 있었다. 이들은 마을 사람들의 곱지 않은 시선에도 불구하고 왕가리를 학교에 보냈고, 열심히 가르쳤다. 덕분에 왕가리는 교육을 통해 세상을 보는 눈을 키울 수 있었다.

14살에 니에리의 세인트 세실리아 가톨릭 중학교에 입학한 왕가리는 4년 동안 영어를 배웠고, 메어리 조세핀이라는 새 이름도 갖게 되었다. 물론 키쿠유족인 자신의 뿌리와 전통도 소중히 여겼다. 자연에 둘러싸여 살았던 어린 시절의 경험은 그녀가 환경과 사회를 위해 활동하는 원동력이 되었다. 이 시기 케냐에서는 영국의 식민지 지배에 저항하는 '마우마우운동'이 한창이었다. 학교 기숙사에 살고 있었던 왕가리는 안전했지만, 왕가리의 어머니는 영국 군대에 의해서 강제로 살던 곳을 떠나야 했다. 이 일을 계기로 그녀는 사회 정의에 관심을 갖게 되었다.

마우마우 반군을 감시하는 영국군 순찰내

우수한 성적으로 고등학교를 마친 왕가리는 미국으로 유학을 떠났다. 미국과 독일에서 생물학을 공부하고 1964년에 대학을 졸업했다. 피츠버그 대학에서는 동아프리카 여성 최초로 수의학 박사 학위를 받았다. 공부 과정은 절대 쉽지 않았지만, 왕가리는 포기하지 않고 노력했고, 원하는 바를 이룰 수 있었다.

첫 번째 씨앗, 인바이어러케어

왕가리 마타이는 1967년에 음왕기라는 남자와 결혼했다. 음왕기는 왕가리처럼 미국에서 유학한 엘리트였으며 국회의원 선거에 출마했다. 왕가리는 음왕기의 선거운동을 도왔고 음왕기는 선거에 당선되어 국회의원이 되었다. 왕가리는 음왕기가 일자리를 만들겠다는 공약을 지켜주기를 바랐다. 하지만 음왕기가 공약을 지키기 위해 적극적으로 나서지 않자 왕가리는 직접 회사를 차리고 사업을 시작했다. 이 회사의 이름은 환경을 돌본다는 뜻의 '인바이어러케어 Envirocare Ltd'였다. 왕가리는 사람을 고용해 쓰레기를 치우고 그 자리에 나무를 심게 했다. 자신의 돈으로 사업을 운영하느라 자금이 부족했던 왕가리는 후원자를 찾아 나섰다. 1975년 나이로비에서 열린 국제농업시장에서 사업의 취지와 효과를 홍보했지만 결국 후원자를 찾지 못하고 회사를 정리했다. 하지만 왕가리는 나무 심기를 포기하고 싶지 않았고, 어떻게 하면 나무 심기의 중요성을 세상에 알릴 수 있을지 고민했다.

　아프리카에서 피어난 환경과 평화의 꽃

당시 케냐에서는 드넓은 숲의 나무를 베어내고 숲을 태우는 일이 잦았다. 영국이 지배했던 시대에는 거대한 커피 농장을 짓기 위해서였고, 식민 지배가 끝나고 나서도 농장을 짓거나 돈을 벌려고 나무를 베었다. 숲이 사라지자 지반이 약해지고 땅이 말라서 비가 많이 오면 물을 흡수하지 못하고 홍수가 났다. 해마다 고통은 되풀이되었다. 눈앞의 이익을 위해 나무를 베면 더 큰 재앙이 되어 돌아온다는 사실을 왕가리는 누구보다 잘 알고 있었다. 이를 해결하는 방법은 나무 심기라는 걸 사람들에게 알리고 싶었다.

사막화가 진행되고 있는 아프리카의 말리

나무를 심는 삶: 그린벨트운동의 시작

1977년부터 왕가리는 그린벨트운동을 시작했다. 이 운동은 그녀의 삶을 이전과는 완전히 다르게 바꿔놓았다. 케냐의 심각한 환경 파괴와 사막화 현장을 목격한 왕가리는 농촌 여성들과 함께 나무를 심었다. 이 운동에 참여한 여성들은 나무를 기르고 판매하면서 경제적 자립을 이루었고, 이는 여성의 사회적 지위 향상으로 이어졌다. 여성들은 더 이상 물과 땔감을 찾기 위해 먼 곳으로 가지 않아도 되었고, 남은 시간에는 교육도 받을 수 있었다. 여성들과 환경 단체들의 적극적인 협력과 지원으로 전국에 걸쳐 1200만 그루의 나무를 심었고, 이는 환경 보호, 민주주의 발전, 빈곤 퇴치 등 더 큰 사회 문제 해결의 출발점이 되었다. 이 활동은 왕가리를 세계적인 환경운동가이자 사회 활동가로 성장시켰다. 왕가리 마타이의 별명은 '마마 티티', 스와힐리어로 '나무들의 어머니'라는 뜻이다. 이는 왕가리가 아프리카 대륙 전체에 미친 긍정적인 영향력을 인정하는 표현이다.

"우리가 심는 각각의 나무는 평화의 씨앗이자 희망의 씨앗입니다. 그것은 우리의 미래를 위한 투자입니다." 왕가리의 말처럼, 그녀의 삶은 작은 행동이 어떻게 큰 변화를 만들어낼 수 있는지, 그리고 환경 보호가 어떻게 사회 정의와 연결되는지를 보여준다. 왕가리가 평생 심은 나무는 약 4500만 그루에 달하며, 그녀가 세상을 떠난 후에도 많은 사람이 그녀의 뜻을 이어가고 있다.

왕가리 마타이는 자신의 삶을 '나무를 심는 것처럼 꾸준히 노력하는 삶'이라고 표현한다. 이 말에는 작은 씨앗이 거대한 숲을 이루듯 지속적인 노력이 큰 변화를 만들어낼 수 있다는 그녀의 믿음이 담겨있다.

낡은 관습과 독재 정권에 대항하다

왕가리가 이렇게 다양한 사람을 만나 활발하게 활동하며 인정받는 동안 순조로울 줄 알았던 결혼 생활이 삐걱거리기 시작했다. 음왕기는 당시 보통의 케냐 여성처럼 행동하지 않는 왕가리 마타이에게 열등감을 느끼기 시작했다. 1980년대 케냐는 여성 차별이 지금보다 더 심했다. 당시 케냐 사회는 여성은 남성에게 무조건 복종하며 집안일만 해야 한다고 생각했다. 이런 기준으로 볼 때 왕가리는 너무 뛰어나고 똑똑한 여성이었던 것이다. 음왕기는 점점 왕가리에게 불만이 많아졌고 술에 취해 폭력을 휘두르기까지 했다. 끝내 음왕기는 이혼 소송을 걸어 왕가리가 불륜을 저질렀다고 모함했다. 그리고 법정에서 검사와 증인을 매수해 증언을 조작했다. 당시 재판을 맡았던 판사 역시 부패한 판사였기에 이런 점을 눈감아주고 오히려 항의하는 왕가리를 법정 모독죄로 감옥에 가두었다. 험난한 과정을 거쳐 결국 음왕기와 이혼한 왕가리는 부패한 케냐 사회의 실상을 몸소 겪으며 충격에 빠졌다.

왕가리 마타이는 환경운동을 하면서 정부와 부딪히는 일이 잦았다. 환경운동은 정부, 기관, 기업 등 여러 이해관계가 얽혀있는 복잡한 일이었기 때문이다. 이런 갈등이 극대화되었던 사건은 바로 '우후루 공원' 사태이다. 케냐의 대통령 다니엘 아랍 모이는 케냐의 수도 나이로비에 있는 우후루 공원에 높은 빌딩 '타임스 타워'를 짓고 쇼핑몰과 기업이 입주할 수 있는 사무실을 만들려고 했다. 우후루 공원은 도시의 대기 오염을 정화해주는 숲이자 케냐 독립의 상징이었다. 왕가리는 시민 모두의 공간을 자신의 이익을 위해 마음대로 사용하려는 모이 대통령에게 분노했다. 모이 대통령의 독재는 이것이 끝이 아니었다. 자신의 뜻에 거스르는 사람을 마음대로 감옥에 가두었다. 아들이 감옥에 갇힌

우후루 공원 ©ninara

어머니들이 왕가리에게 도움을 청하자 왕가리는 어머니들과 우후루 공원에서 단식 투쟁을 하면서 저항했다. 경찰의 무분별한 진압에 맞서 격렬하게 항의한 끝에 공사는 없던 일이 되었다.

이후 왕가리는 '카루라 숲' 문제로 모이 정권과 또 다시 부딪히게 되었다. 모이는 이 숲을 벌목하고 주택을 지으려고 했다. 카루라 숲은 도시 안에 있는 숲이어서 집을 지으면 비싸게 팔 수 있었기 때문이다. 모이는 집을 지을 토지를 자신의 딸 명의로 바꾸어 놓고 건축을 시작했다. 왕가리를 비롯한 환경운동가들이 카루라 숲에 나무를 심으며 저항하기 시작했다. 경찰은 나무를 심고 있는 왕가리를 공격했고, 머리를 맞은 왕가리는 병원에 실려 갔다. 이 사건이 널리 알려지면서 전 세계에서 압박이 들어오기 시작했다. 수많은 외국 정부와 국제기구의 인사

   아프리카에서 피어난 환경과 평화의 꽃

카루라 숲 ©Ninaras

들이 평화로운 시위를 공격한 일을 비난했고, 당시 유엔 사무총장이었던 코피 아난이 왕가리를 폭행한 경찰을 처벌하라고 요청했다. 압박에 못 이긴 모이는 건축을 포기했다. 왕가리는 부패한 정치가 환경에 미치는 영향을 절실히 깨달았다.

왕가리, 정치에 도전하다

왕가리는 환경 보호는 독재 아래에서 이루어질 수 없다고 판단하고 자신이 할 수 있는 일을 늘리기 위해 꾸준히 정치에 도전해 왔다. 이혼하고 얼마 되지 않았을 때 자신의 고향인 테투에서 국회의원 후보로 공천을 받으려 했지만 형식상의 이유로 공천을 받을 수 없어서 선거를 포기했다. 시간이 흘러 모이 대통령과의 갈등을 겪으면서 독재 정권을 무너뜨리기 위해 힘을 모아야 한다고 생각했고, 야당과 협력하는 과정에서 1997년 대통령 선거 때 대통령 선거에 후보로 나섰지만 당선되지 못했다. 이후 고향인 테투에서 국회의원 선거에 나가 무려 98%의 득표율로 당선되었다. 이때 케냐에 새로운 대통령이 선출되어 드디어 독재 정권을 몰아내게 되었다.

왕가리는 새로운 정부의 환경부 차관으로 임명되었다. 비록 권한은 많지 않았지만 왕가리는 자연과 환경을 보호하고, 케냐의 가난을 해결하기 위해 힘썼다. 그린벨트운동을 장려하기 위해서 식목일을 제정하고 싶었지만 장관의 반대로 이루지 못했다. 하지만 황폐한 땅에 잘 자라는 외래종을 심는 캠페인을 벌였고, 무분별한 벌목을 일삼았던 삼림관들을 해고하기도 했다. 그러나 환경 문제에 여전히 무관심한 정부 아래에서 차관의 신분으로 할 수 있는 일은 그렇게 많지 않았다. 그럼에도 왕가리는 좌절을 딛고 일어나 계속해서 나무를 심고 숲을 가꿨다.

왕가리 마타이의 꿈과 핵심 가치

왕가리가 가장 소중하게 여긴 가치인 환경 보호, 여성 권리 신장, 민주주의는 서로 깊이 연결되어 있다. 그녀는 환경 보호 없이는 평화롭게 살 수 없다고 믿었다. 환경이 오염되어 자원이 고갈되면 한정된 자원을 두고 서로 싸울 수밖에 없었다. 즉, 환경 문제는 단순히 자연을 지키는

것이 아니라, 모든 사람이 평등하고 평화롭게 사는 것과 연결되어 있다
는 것이다.

"우리가 지구를 돌보지 않으면, 지구도 우리를 돌보지 않을 거예요.
하지만 우리가 지구를 잘 돌본다면, 지구는 우리에게 풍요로운 삶을 선
물할 거예요."

왕가리의 활동은 여러 사람들과 단체들이 함께 힘을 모아 이루어졌
다. 그린벨트운동을 통해 그녀는 수많은 농촌 여성들과 손을 맞잡았고,
이는 단순한 환경운동을 넘어 여성들이 스스로 돈을 벌고 사회에 참여
하는 여성운동으로 발전했다. 또한 그녀는 세계의 환경 단체들과 긴밀
히 협력하며 자신의 활동을 더 넓은 세계로 펼쳐나갔다.

왕가리의 영향력은 케냐를 넘어 전 세계로 퍼져 나갔다. 케냐의 여성
활동가들에게는 여성도 사회를 바꿀 수 있다는 희망과 용기를 주었고,
전 세계의 환경운동가들에게는 환경 보호와 사회 정의가 서로 깊이 연
결되어 있다는 것을 깨우쳐 주었다. 특히 아프리카의 청소년들에게 왕
가리는 자신들의 힘으로 아프리카의 미래를 바꿀 수 있다는 자신감을
심어주는 본보기가 되었다.

그녀의 영향으로 많은 아프리카 여성들이 환경과 사회운동에 적극
적으로 참여하게 되었고, 이는 아프리카 전역에서 풀뿌리 민주주의와
지속 가능한 발전의 씨앗이 되고 있다.

세계가 인정한 환경운동가, 정치인, 학자

왕가리의 가장 눈에 띄는 업적은 그린벨트운동을 통해 5천만 그루 이상의 나무를 심은 것이다. 이는 단순한 수치 이상의 의미를 지닌다. 나무 심기는 환경 보호뿐만 아니라 여성의 경제적 자립, 지역 사회 발전, 그리고 평화에도 기여했기 때문이다. 그녀의 주요 저서《검은 대륙의 초록 희망》은 그녀의 철학과 경험을 체계적으로 정리한 것으로, 전 세계의 환경운동가들에게 영감을 주고 있다.

학문적 영역에서도 왕가리는 큰 족적을 남겼다. 그녀는 케냐 최초의 여성 박사 학위 취득자이자 교수가 되어 후학 양성에 힘썼다. 이는 아프리카 여성들에게 고등 교육의 문을 열어주는 선구자적 역할을 했다. 왕가리는 "교육은 우리에게 날개를 달아주는 것과 같습니다. 그것은 우리를 더 넓은 세상으로 이끌어 주고, 우리가 꿈꾸는 것을 이룰 수 있게 해

주죠."라고 말하며 교육의 중요성을 강조했다.

2004년, 왕가리는 아프리카 여성 최초로 노벨 평화상을 수상했다. 노르웨이 노벨 위원회에서는 민주주의와 권리, 특히 여성의 권리 신장을 위해 많은 투쟁을 한 공헌이 있기에 수상자로 선정했다고 밝혔다. 이는 환경 보호와 평화, 그리고 민주주의가 밀접하게 연관되어 있다는 그녀의 철학을 세계가 인정한 것이기도 하다. 그녀는 수상 연설에서 이렇게 말했다. "나무를 심는 것은 평화를 심는 것과 같습니다. 그것은 우리의 미래에 대한 투자입니다. 우리가 지금 심는 나무는 우리 아이들이 쉴 수 있는 그늘을 마련해 줄 것입니다."

케냐 국가인권위원회에서 왕가리 마타이의 공헌을 인정해 수여한 트로피 ©Demosh

또한 케냐 국회의원과 환경부 차관을 역임하면서 풀뿌리운동의 경험을 정책에 반영할 수 있었다. 특히 1980~1990년대 케냐 독재 정권 아래에서 그녀의 활동은 정치적 압박에 대항하는 수단이 되어 민주화에 크게 기여했다. 이는 환경운동이 단순히 자연을 보호하는 것을 넘어 정치와 사회 변화의 강력한 촉매제가 될 수 있음을 보여준다.

왕가리의 활동은 전 세계 환경운동가들에게 영감을 주었고, 특히 개발도상국에서 환경 보호와 사회 발전을 동시에 추구하는 모델로 널리 받아들여지고 있다. 그녀의 유산은 오늘날까지 계속되고 있으며, 그녀가 심은 나무들처럼 전 세계에서 새로운 환경운동가들을 키워내고 있다.

2015년 유엔이 정한 17개의 전 세계적 목표로, 2030년까지 달성하고자 하는 인류 공동의 약속이다. 빈곤 퇴치, 불평등 해소, 기후변화 대응, 지속 가능한 소비와 생산 등을 포함한다. 왕가리가 추구했던 환경 보호, 여성 역량 강화, 빈곤 퇴치 등의 가치 또한 17개 목표 안에 들어 있다.

아프리카에서 피어난 환경과 평화의 꽃

반다나 시바

"다양성을 일구고 보존해 가는 것은
우리 시대의 사치가 아닙니다.
그것은 생존의 필수 조건이에요.
이 세상의 크고 작은 모든 존재의 자유를 위한
전제 조건이랍니다."

1984년 인도 보팔에서 아주 큰 사고가 일어났다. 살충제와 제초제를 주로 생산하는 '유니언카바이드'라는 회사에서 일상적으로 다루는 맹독성 화학 물질이 한밤중에 새어나와 보팔 주민들이 아닌 밤중에 영문도 모르고 죽었다. 고작 하룻밤이었는데 3,500명이 넘는 보팔 주민들이 한꺼번에 숨을 거두었다.

그날 밤, 어렴풋이 위험을 느끼고 잠에서 깨어난 사람들도 맹독성 화학 물질이 닿지 않는 안전한 공간으로 도망칠 수 없었다. 눈만 간신히 뜨거나, 몸을 조금 뒤척일 수 있을 뿐, 벌떡 일어서지 못했다. 겨우 일어선 소수의 사람들도 비틀거리며 몇 걸음 걷다가 이내 고꾸라지고 말았다. 이 사건은 인도 전 지역은 물론, 전 세계에 빠르게 알려졌다. 이윽고 보팔 참사에 관심을 갖는 사람들이 생겨났다. 그때 막 서른을 갓 넘긴 여성 과학자 '반다나 시바'도 그중 한 명이었다.

반다나는 1970년대 중후반 캐나다에서 과학철학 박사 학위를 받고 고국에 돌아와 '벵갈루루 인도과학연구소'에서 연구원으로 일하다 퇴

2006년 보팔 참사 피해자들이 시위를 벌이는 모습 ©Obi

사하고 독립연구소를 세워 이제 막 생태환경운동을 시작하려던 참이었다. 반다나의 독립연구소 '과학·기술·생태 연구 재단'은 반다나의 고향 집 외양간에 조촐하게 만들어졌다. 연봉 두둑한 대형 연구소를 그만두고 '걱정 반 희망 반'으로 독립연구소를 세우겠다는 결심을 발표했을 때 반다나의 부모님은 이렇게 말하며 반다나를 응원했다.

"네가 양심에 따라 산다면 두려워할 이유가 전혀 없잖니?"

크고 어두운 두려움보다 작지만 빛나는 소망을 내다보며 독립연구소를 설립하고 얼마 지나지 않았을 무렵 보팔 참사가 일어났으니, 반다나는 머뭇거릴 새가 없었다. 반다나는 보팔로 달려갔다. 그곳에서 반다나는 유니언카바이드를 상대로 힘겹게 그러나 힘차게 투쟁하는 라시다 비Rashida Bee, 참파 데비 슈클라Champa Devi Shukla를 만날 수 있었다. 세 여성이 마주앉았다. 라시다와 참파 데비는 자기들보다 훨씬 아는 게 많아 보이는 반다나 앞에서 약간 주춤했지만, 반다나의 환한 웃음을 보곤 이내 긴장을 풀고 보팔 사건의 자초지종을 설명하기 시작했다. 라시다가 먼저 입을 열었다.

"여기 보팔에서 비극적인 사건이 터지기 전까지 저는 집 밖으로 나가 본 적도 없던 사람이에요. 집안과 종교의 전통이 저를 가로막고 있었거든요."

     생물다양성을 보호하는 에코페미니스트

폐허가 된 유니언카바이드 공장 ©Bhopal Medical Appeal

　같은 인도 여성으로서 동일한 종교 전통을 공유하는 반다나가 고개를 끄덕였다. 라시다 옆에 얌전히 앉아있던 참파 데비가 반다나를 바라보며 낮은 목소리로 입을 열었다.

　"화학 물질이 우리를 죽일 수 있다는 걸 저도 정말 몰랐어요. 우리 몸에 남아서 계속 우리 몸을 해롭게 할 수 있다는 것도 몰랐어요. 심지어, 심지어 말이에요, 아직 태어나지 않은 아기들한테까지 화학 물질의 나쁜 영향이 오랜 세월 동안 대물림 될 수 있다는 것도 저는 까맣게 몰랐어요."

　참파 데비가 잠시 숨을 돌리자, 라시다가 "저희들은…"이라며 운을 띄웠다. 둘이 잠시 서로를 마주보더니 이윽고 마치 합창이라도 하듯 똑같은 문장을, 똑같은 속도로, 또박또박 말했다.

　"우린 진짜 아무 것도 몰랐다고요."

보팔 참사

'보팔'은 인도 중부 마디아프라데시 주에 있는 도시이다. 1984년 12월 2일 밤, 보팔에 설립된 다국적 화학 기업 유니언카바이드 공장에서 아이소사이안화 메틸가스가 대량 누출되는 끔찍한 사고가 일어났다. 이 회사가 수년간 다루었던 가스는 아주 소량만 인체에 들어오더라도 중상을 입게 되는 맹독성 화학 물질이었다. 하필 사고가 한밤중에 일어나는 바람에 보팔 주민들은 잠을 자다가 손쓸 틈 없이 당했다. 생존자 단체 '보팔의 정의를 위한 국제운동ICJB'은 참사 당시에만 3,700여 명이 사망했고, 거기에 참사 후유증으로 숨진 이들까지 합하면 보팔 참사 피해자는 1만 6,000여 명이라고 발표했다. 하지만 세월이 흐르면서, 후유증을 겪는 피해자 숫자는 계속 늘어났다. 전문가들은 보팔 참사 피해자 숫자를 어느덧 최소 55만 8,000여 명으로 추산하기에 이르렀다. 생존자들을 중심으로 조직된 ICJB에서 활발히 활동해온 두 여성 환경운동가가 바로 반다나가 만난 라시다 비와 참파 데비 슈클라다. 두 여성은 2004년 미국에서 '골드만 환경상'을 수상했는데, 그들은 그때 받은 상금 12만 5,000달러로 2006년에 가난한 아이들을 치료하고 교육하는 '친가리 재활센터'를 건립했다.

보팔 참사로 희생된 사람들을 추모하는 기념비 ©Bhopal Medical Appeal

우리는 다 같은 인도 여성이다

아무것도 몰랐다고 한 목소리로 이야기하는 두 여성 라시다와 참파

   생물다양성을 보호하는 에코페미니스트

데비에 비하면, 반다나는 과학자로서 많이 배운 사람이었다. 비록 규모가 작지만 연구소의 설립자이며, 화학과 물리학 등을 공부한 박사이며, 유독가스가 일으킬 수 있는 문제에 대해서도 잘 알고 있었다. 그러나 반다나는 라시다와 참파 데비를 가르치려 하지 않았다. 그들에게서 듣고자 했고, 배우고자 했다.

보팔에 유독가스가 퍼지고 사람들의 목숨이 하나하나 끊어지던 그날 밤, 넘어져 복부를 다친 참파 데비의 남편은 하루 종일 소변을 계속 흘리는 증상에 시달리기 시작했고, 소변 주머니 없이는 일상생활을 할 수 없게 됐다. 참파 데비의 큰아들은 폐가 손상돼 매일같이 피를 토했다. 둘째 아들은 온몸에 물집이 생겨 고통스러워하고, 셋째 아들은 뇌 손상을 입었다. 참파 데비의 두 딸들 중 둘째는 온몸이 마비되어 아예 걷지를 못했다(참파 데비의 큰아들은 1992년, 둘째 아들은 1996년, 셋째 아들은 2013년에 사망한다).

자신이 겪은 보팔 참사 당일의 사연과 그날 이후 뒷이야기를 들려주는 참파 데비의 목소리를 들을 때, 반다나의 동그랗고 커다란 두 눈엔 눈물이 고였다. 그 옆에 앉아있던 라시다도 마찬가지였다. 세 여성은 보팔 참사의 고통과 울분을 공감하며 서로 손에 손을 맞잡았다. 보팔 참사에 대한 정의로운 해결을 수년간 부르짖어온 그녀들의 가느다란 손가락에서 반다나는 강인한 힘을 느꼈다. 그들이 끝까지 포기하지 않겠구나, 하는 믿음이 솟아올랐다.

반다나는 두 여성과 다른 가정 형편에서 자랐지만, 끔찍했던 보팔 참사를 사전에 예방할 수도, 예측할 수도 없었다는 짐에서 자신 또한 두 여성과 크게 다르지 않은 처지임을 금방 알 수 있었다. 유독성 화학 물질을 관리하는 공장 기업이 자국의 엄격한 규제를 피해 인도에 세워질 수 있었다. 뿐만 아니라 외국계 공장 기업이 허술하게 유해 물질을 다룬다 할지라도 외교적 대처를 제대로 하지 못할 만큼 인도의 국가 시스템은 불안정했다. 그런 인도의 국민이라는 점에서 세 사람은 크게 다르지 않았다. 과학기술 강대국의 횡포에 대한 피해를 모두 경험했다는 점에서 세 여성은 같은 처지였다.

보팔의 비극은 이제 그만, 님을 심읍시다!

님 나무 ⓒTheSlumPanda

라시다와 참파 데비를 만나고 돌아온 그날, 반다나는 이러한 표어를 생각해냈다. '보팔의 비극은 이제 그만, 님을 심읍시다!'

님neem은 인도에 자생하는 식물이다. 이 식물은 특이하게도 천연 살충 성분을 갖고 있다. 님을 심으면 그 주위에는 해충이 얼씬거리지 않는다. 그래서 인도의 지혜로운 선조 농부들은 밭에 작물을 심을 때 님을 같이 심었다. 반다나는 저 표어 속에, 살충제 생산 공장 유니언카바이드는 인도에 불필요하다는 메시지를 담았다.

그러던 어느 날, 님과 관련해 문제가 발생했다. 님의 효과에 주목하던 한 회사가 님에서 살충 성분을 뽑아 님 추출 기름으로 상품화해 특허를 내버린 것이다. 회사가 특허를 내면서 님의 살충 성분 상품화를 독점하자, 님의 살충 성분을 사용하고 싶은 사람은 매번 그 회사에 특허 사용료를 내야만 했다. 반다나는 님의 천연 성분을 멋대로 독점해버린 회사를 가만히 보고만 있을 수 없었다.

그리하여 반다나는 님에 대해 특허를 내고 독점 판매를 강행한 회사와 법적 다툼을 시작했다. 님을 사용하는 농민들은 매일 매순간 농사를 짓느라 법적 싸움에 동참할 여력이 없었고, 비단 님뿐 아니라 다른 씨앗들도 특허에 묶여 있을 경우 그 씨앗을 자유롭게 쓰지 못해 절망에 빠져 스스로 목숨을 끊는 농민들도 많은 것이 현실이었다. 반다나는 이들을 위해 얼마든지 법적 다툼에 참여할 준비가 되어 있었다. 그래서 반다나는 누구보다 열심히 님 특허 회사와 싸웠다. 무려 10년을 싸운 결과 2005년, 반다나가 승리했다.

'마하트마 페미니스트' 할아버지와 '자연주의자' 아버지

반다나의 성은 '시바Shiva'다. 시바는 인도의 여러 신들 중 하나의 이름이다. 그런데 반다나 집안의 성이 원래부터 '시바'였던 건 아니었다. 시바는 반다나의 할아버지 때부터 시작된 성이있다.

반다나의 할아버지는 인도의 카스트 제도를 정면에서 반대한 사람이었다. 오늘날에도 인도는 사람의 성에 계급을 바로 표시한다. 그래서 처음 만나는 사람들끼리도 상대방의 이름과 성을 들으면 곧바로 서로의 계급을 확인할 수 있다. 그 계급에 따라 사람을 차별해도 그 차별은 불법이나 편법이 아니다. 법으로 인간과 인간 사이의 불평등과 차별을 정당화하는 게 인도의 카스트 제도다. 반다나의 할아버지는 카스트 제도를 반대하고 거부하는 의미로 자신의 성을 직접 만들었다.

성에 얽힌 할아버지의 사연을 반다나에게 들려준 사람은 반다나의 아버지 라주지 시바였다. 젊었을 적 영국 군대의 군인이었던 아버지는 교육부 소속 학교 장학관이었던 반다나의 어머니인 자그비르 카우르를 만나 결혼했다. 결혼 후 아버지는 완전히 다른 삶을 살았다. 아내와 의논한 끝에 그는 군인을 그만두고 '산림 보호사'가 된 것이다. 아버지가 들려준 할아버지의 이야기는 또 있었다.

"너희 할아버지는 여성들도 대학 교육을 받아야 한다고 주장하신 분이셨어. 세상 떠나시는 바로 그날에도 여성 대학 교육을 주장하셨단다. 너희들은 그걸 잊으면 안 돼."

반다나와 반다나의 언니 미라는 아버지에게서 할아버지 이야기를 들을 때마다 뿌듯했다. 마치 할아버지가 자신들을 대학에 직접 들여 보내주신 것 같았다. 할아버지는 살아생전 입이 닳도록 여성 대학 교육을 주장했건만 돌아가시는 그날까지 여자대학 설립 허가 소식을 듣지 못했다. 공교롭게도 할아버지가 돌아가신 이튿날 여자대학 설립이 승인되었기 때문이었다.

할아버지가 바랐던 대로 미라와 반다나 자매는 교육받고 싶은 만큼 교육받을 수 있었다. 미라는 기독교 대학에서 의학을 공부했고, 반다나는 캐나다 궬프 대학에서 과학을 공부했다.

"아버지는 제게 자연을 사랑하는 마음을 물려주신 분이고, 할아버지는 제게 '마하트마' 같은 분이세요. 마하트마 간디는 제게 비폭력 투쟁이 위대한 승리를 가져온다는 확신을 가르쳐준 분이기도 하죠."

'마하트마(위대한 영혼)'는 어떤 개인의 이름이 아니라, 인도의 시인 타고르가 인도의 위대한 비폭력 저항운동가 '모한다스 카람찬드 간디'에게 붙여준 아름다운 힌디어 칭호다. 인도의 전 국민이 마하트마 간디를 존경하는 것처럼 반다나는 할아버지와 아버지를 존경했다. 그분들의 가르침을 마음에 새기며 성장한 반다나는 자신의 목표를 위해 평화롭게 투쟁하는 방법을 차츰차츰 배워 나갔다.

나무를 껴안읍시다!

반다나가 대학을 졸업하고 핵 발전 관련 정부 기관(바바원자력연구소)에서 근무하던 1974년, 인도가 핵 실험에 성공했다. 그 무렵 반다나는 의사인 언니와 핵 실험의 위험성에 대해 종종 진지하게 대화를 나누었다. 핵 문제에 큰 관심을 갖게 된 반다나는 핵에 대한 걱정은 말할 것도 없고 분노할 수밖에 없었다. 선배 물리학자들이 반다나에게 별 대수롭지 않다는 듯 "그런 건 알 필요 없다."라고 대답했기 때문이었다. 반다나는 핵물리학에 대한 걱정과 의문을 스스로 풀어 보고 싶어 캐나다로 떠났다. 몇 년 뒤 캐나다 '물리학재단'에서 공부을 마친 후 대학 교수가 되겠다는 꿈을 품고 돌아왔지만, 인도의 여러 환경 문제를 접하면서 반다나는 자신의 계획을 수정해 환경운동가로 나섰다. 그 과정에서 캐나다로 유학 가기 전(1973년) 자원봉사자로 참여했던 칩코운동이 기억났다.

칩코운동의 본래 이름은 '칩코 안돌란^{Chipko Andolan}'이다. 이는 '나무를 껴안다'라는 힌디어다. 칩코운동은 인도에서 이미 오래 전에 한 차례 일어났었고, 다시 1973년 3월 갠지스 강 유역 삼림에서 장대하게 펼쳐졌다. 한 목재 회사가 갠지스 평야의 호두나무와 물푸레나무를 베려 하자 인근 동네 여성들이 우르르 산으로 올라가, 회사가 벌목 대상으로 표시한 나무들을 끌어안고 시위를 벌여, 끝내 벌목을 멈추게 한 것이다.

반다나는 칩코운동을 가까이에서 지켜보며 겸손과 용기를 배웠다. 배운 것 없고 가진 것 없다며 번번이 무시당하는 빈민층 여성들의 용감무쌍한 '칩코 안돌란' 행위에서 반다나는 큰 통찰을 얻었다.

"그래, 우리는 우리 인도의 전통을 따르면 돼. 우리 전통이 우리를 더욱더 온전한 생태환경운동으로 이끌어 줄 거야!" 반다나는 결론을 내렸다.

칩코운동 참여자 중 생존자들의 모습을 담은 2004년 사진 ⓒCeti

 생물다양성을 보호하는 에코페미니스트

칩코 아돌란

1730년 조드푸르왕국 때의 일이다. 하루는 왕이 "왕궁을 지을 나무를 베어오라." 명령했다. 그때 왕궁보다 나무가 더 중요하다고 생각한 케잘리 마을 백성들이 "나무를 베려면 우리 등을 먼저 찍어라."라는 구호를 외치며 나무를 보호하는 시위를 시작했다. 이때 시위를 주도한 사람이 '암리타 데비'라는 여성이었다. 그로부터 240여 년 뒤인 1973년 인도 스포츠 용품 제조 회사 '사이먼'사가 인도 정부와 우타르프라데시 주의 물푸레나무 벌목 계약을 하고 대대적 벌목 작업을 시공하게 되었다. 곧바로 그곳 마을에 벌목 노동자들이 들이닥쳤다. 그러자 마을 여성들이 모두 나와서 나무를 끌어안고 240여 년 전 데비가 했던 그 말을 그대로 외쳤다. 정부와 회사의 벌목 계약이 취소될 때까지.

또, 1974년에는 알라크난다 강 레니 마을 나무 2500여 그루가 경매에 넘어갔는데, 그 마을에 사는 '가우라 데비'와 27명의 여성들이 뛰어나와 밤새도록 나무를 끌어안고 지켰다. 결국 벌목 경매가 취소되었다.

한편 숲이 위험해질 때마다 여성들이 주도한 칩코운동의 성과는 결국 정부 정책마저도 바꿨다. 1980년 인디라 간디 총리가 아래와 같이 선포하게 된 것이다. "인도 히말라야 지역이 푸르게 회복될 때까지 이 지역의 산림 벌채를 15년간 금지한다!"

반다나는 이 같은 칩코운동에서 보살핌, 나눔, 생물다양성 등의 핵심어를 떠올린다. 인도인들 중에서는 칩코운동을 일컬어 "최고의 저항은 깊은 애정에서 나온다."는 간디의 말을 입증한 운동이라고 평하는 이들이 많다.

칩코운동 ©Light Livelihood

에코페미니즘: 다양성 보호가 인간이 살 길이다

과학철학자로서 반다나의 사상의 핵심에는 에코페미니즘이 있다. '에코'는 생태주의를 가리킨다. '페미니즘◆'은 우리가 잘 알듯이 여성주의를 뜻한다. 반다나의 사상 속에서는 생태주의가 여성주의를 '칩코 안돌란' 하듯 껴안고 있다. 아니, 어쩌면 그 반대의 모습일 수도 있다. 여성주의가 생태주의를 끌어안고 있는 것이다. 그러면 반다나의 에코페미니즘은 무엇을 이야기하고 있을까?

반다나의 에코페미니즘은 보통 여성의 특징이라고 하는 공감 능력을 남성과 여성을 가리지 않는 '인간'의 능력으로 보았다. 또한 반다나는 다양성을 적극적으로 보호, 보존해야 한다고 말한다. 다양성이 살아 있는 세상에서는 여성이 남성보다 약한 게 아니라 힘의 크기와 방향, 속성이 서로 다른 것으로 인정한다. 다양성을 인정하게 되면 인간이 자연을 지배하는 게 아니고 자연이 인간에게 재난을 내리는 것도 아니다. 반다나는 다양성을 옹호하며 혼자만 가지려 하는 '독점'을 반대한다.

크고 작은 모든 존재를 위해 우리가 해야 하는 일

반다나는 환경운동가로서의 공로를 인정받아 1993년에 제2의 노벨

◆ 성별에 관계없이 모든 사람이 평등하다는 신념 아래, 여성의 권리와 평등을 위해 다양한 사회적 정치적 차별을 없애려는 사상과 운동

　　　　　　　생물다양성을 보호하는 에코페미니스트

상이라고 불리는 바른생활상을 받았으며 2010년에는 〈포
브스〉 선정 '세계에서 가장 영향력 있는 7명의 여성'으로
선정되었다. 현재 반다나는 '지구 민주주의 ^{Earth Democracy} 운
동'을 전개하고 있다. 그 운동의 일환으로 반다나는 유전
자조작 ^{GMO} 몬산토 반대운동, 식량 체계 세계화를 지역화
로 되돌리고 지역마다 고유한 종자를 보존하자고 주장하
는 식량주권운동, 그리고 씨앗공유 및 보존을 위한 나브다냐운동을 주
도한다. '나브다냐 ^{Navdanya}'는 힌디어로 '아홉 개의 씨앗'이란 뜻인데, 식
물 다양성을 잘 지켜가기 위해 농민들끼리 씨앗을 공유하고 보존하는
운동이다. 그리고 반다나는 모든 독점을 반대하며 다양성을 추구하는
그녀의 '에코페미니즘'을 인도뿐 아니라 전 세계에 널리 퍼뜨리고자 활
발히 강연을 다닌다. 한국에는 1992년에 다녀간 적이 있다.

나브다냐운동 로고

　1952년생 반다나는 상대의 눈을 똑바로, 지그시 바라보되 절대 노려
보지 않는다. 그리고 어느 경우에나 또렷하고 명료
하지만 부드러운 어조로 다양성을 힘주어 말한다.
"다양성을 일구고 보존해가는 것은 우리 시대의 사
치가 아닙니다. 그것은 생존의 필수 조건이에요. 이
세상의 크고 작은 모든 존재의 자유를 위한 전제 조
건이랍니다."

　아마 누구든지 반다나를 만나면 손을 마주잡고
빙그레 서로 웃다가, 결국 나도 모르게 팔을 벌려
껴안고 싶어질지 모르겠다. 의심할 바 없이 푸근하

반다나 시바 ⓒAugustus Binu

고 지혜로운 할머니의 모습을 하고서 반다나가 먼저 우리 곁에 다가오기 때문에.

  생물다양성을 보호하는 에코페미니스트

환경과 사람을 살리는 한국 환경운동의 대모

박영숙

· 朴英淑, 1932~2013 ·

"생을 마칠 때까지 현역으로 살고 싶다."

평양에 있는 제일여자중학교의 한 교실에서 여학생들이 이야기꽃을 피우고 있었다. 이야기는 곧 앞으로 무엇을 하며 살아갈지에 대한 고민으로 이어졌다. 박영숙은 친구들에게 "나는 '공적인 삶'을 살 거야."라고 선언했다. "현모양처가 될 거야."라거나 "의사가 될 거야, 화가가 될 거야."라는 흔히 그 또래 아이들이 가질법한 생각이 아니었다.

"공적인 삶이 뭔데? 공짜를 쫓겠다는 거야? 아니면 공무원이 되어서 출세하겠다는 거야?"

장난스럽게 되묻는 친구에게 박영숙은 자신의 장래 희망을 또박또박 말했다.

"살림하고 아이 키우는 삶이 아닌 다른 인생을 살겠다는 말이야. 그러니까 내 말은, 시집 잘 가고, 돈 많이 벌고, 예쁜 아이 낳아 키우며 만족하는 그런 삶이 아닌, 다른 삶을 살겠다는 말이야."

친구들은 눈을 반짝이며 자신의 포부를 의젓하게 말하는 영숙을 그저 빤히 바라볼 뿐이었다. 그러자 박영숙은 아래와 같이 말했다.

"다시 말하면, 우리 사회를 위해 봉사하는 삶을 살겠다는 거야."

친구들은 다른 건 몰라도 박영숙이 말하는 '공적인 삶'은 출세나 자신의 이익만을 위해서 사는 삶이 아니라는 것은 이해할 수 있었다. 그 밖에는 어렴풋이 좋은 말이겠거니, 하며 그저 고개를 끄덕이며 빙그레 웃을 뿐이었다.

그날 교실에서 말했던 '공적인 삶'이라는 말은 훗날 박영숙 삶의 방향을 잡아주는 나침반이 되었다.

시대를 앞서간 아버지와 유능한 보따리장수 어머니

박영숙의 아버지 박기남은 어렸을 때 서당에서 한문학을 공부한 사람이었다. 하지만 그는 일본 식민지 지배 아래에서 청년기를 보내면서 근대적인 서양 문물을 받아들였다. 그리고 결혼과 거의 동시에 당시 평양에 들어와 있었던 일본 자동차 회사에 취업했다. 아버지는 그 시대에 매연이 많이 나오는 휘발유를 대체할 에너지를 연구할 정도로 앞서 나간 사람이었다.

박기남은 단순히 서양 문물만 받아들인 것이 아니라 생각도 깨어있었다. 여전히 남녀를 구분하고 차별하던 시대에 딸과 아들을 평등하게 대했다. 밥을 퍼 줄 때도, 옷을 사 줄 때도 아들이라고 딸들보다 더 많이 챙겨 주거나 더 빨리 안겨 주지 않았다. 물론 '나이 많은 아이 먼저'

     환경과 사람을 살리는 한국 환경운동의 대모

라는 규칙은 있었다.

유독 서양 음식을 즐겼던 아버지는 갓 구워 낸 빵에 버터를 바르고 딸기잼을 얹어 자녀들에게 나눠주곤 했다. 그래서일까, 박영숙은 아버지를 떠올릴 때면 자동으로 '아버지의 향기'인 버터의 향기가 먼저 떠오르곤 했다.

그랬던 아버지는 박영숙이 초등학교에 막 입학한 1938~1939년쯤 쓰러져 자리에 눕고 말았다. 박영숙의 어머니는 남편을 위해 양약, 한약,

박영숙의 어린 시절 모습

민간요법까지 두루 알아보며 애썼다. 그러나 모든 명약이 효험이 없었고, 결국 1941년 박영숙이 아홉 살 되던 해, 박영숙의 아버지는 세상을 떠났다.

아버지가 세상을 떠나고 어머니 윤요순은 아버지의 직장 동료로부터 자녀 두 명을 키워주겠다는 제안을 받았다. 고민하던 윤요순은 그런 중대한 일을 혼자 결정하고 싶지 않았다. 아무리 자신이 어머니여도 아이들의 생각을 무시할 수 없다고 생각한 것이다. 가족회의 결과 여섯 아이들은 모두 어머니와 함께 살겠다고 했다.

그때까지 가정 살림밖에 몰랐던 어머니는 아이들을 키우기 위해 사업가가 되어야겠다고 결심했다. 어머니는 6남매(3녀 3남)를 외할머니에게 맡기고, 과감하게 멀리 만주에 가서 상품을 구매해서 평양에서 그 상품을 파는, '1인 무역상'이 되기로 했다. 이른바 '보따리장수'였다. 공교롭게도 1941년 여름 일본이 진주만을 공습하면서 식민지 조선에는

모든 물품이 부족했다. 어머니는 만주와 평양을 오가며 평양 시민들에게 물품을 공급했다. 어머니는 얼마 지나지 않아 만주를 드나드는 초보 보따리장수에서 돈을 잘 버는 보따리장수가 되었다.

그러다 박영숙의 가족은 만주에서 사업하고 있던 친할아버지와 할머니 곁으로 이사하게 되었다. 만주에서 사는 동안 박영숙은 중국인, 일본인 등 다양한 사람들이 함께 사는 복잡한 세상을 경험하면서 생각의 폭을 넓혀갈 수 있었다. 이때 경험한 것은 박영숙이 정치권에 뛰어들어 환경운동과 여성운동을 펼쳐나가는 데에 큰 힘이 되었다. 있는 현실을 있는 그대로 바라보고, 이를 통해 실현 가능한 환경 관련 정책, 그리고 여성 관련 정책을 만들어 낼 수 있었다. 그 힘이 바로 그때 그곳에서 쌓였던 셈이다.

활동가가 되기로 결심하다

1945년 8월 15일, 해방되면서 박영숙의 가족은 만주에서의 생활을 정리하고 평양으로 돌아왔다. 박영숙은 평양에서 제일여중을 다녔다. 교육열 높은 어머니 덕분에 박영숙은 이화여대에 입학했고, 한국 YWCA(조선여자기독교청년회)에 들어가 활동할 수 있었다. YWCA는 일본의 식민지 지배와 남성이 모든 권력을 가지고 있는 가부장제에 고통 받는 여성들을 위해 활동하는 단체였다. 박영숙은 이곳에서 인생의 스승 박에스더를 만나, 여성 활동가로 성장했다. 대학을 마친 뒤 유학

   환경과 사람을 살리는 한국 환경운동의 대모

을 고민할 때도 박영숙은 박에스더의 조언을 듣고 학자가 아닌 활동가의 길을 택했다.

　YWCA에서의 활동을 통해 박영숙은 활동가로 성장했다. 박에스더의 지도 아래에서 서류 작성하는 법, 사람들을 설득하고 이끌어가는 법, 다른 단체와 연대하는 법 등을 배웠다. YWCA에서는 여성 인권을 위한 운동뿐만 아니라 일본에 대항하는 민족운동, 국산품 애용운동, 문맹 퇴치 등 다양한 활동을 했다. 박영숙은 YWCA 실무자로 일하며 다

박영숙의 '생의 모델' 박에스더

박에스더는 1902년 평안남도에서 태어나 두 살 때 온 가족과 함께 하와이로 이주했다. 어렸을 때 이름은 '박보배'였지만, 민족과 조국을 위해 용감하게 행동한 성경 인물 '에스더'를 본받기를 바란 아버지의 뜻에 따라 '박에스더'로 개명했다. 하와이대학교 사범대학을 졸업한 박에스더는 로하라 하와이 국민고등학교

'박에스더 기념관' 명명식에 참석한 박에스더(YWCA 아카이브)

에서 교사로 일했다. 당시 그녀를 눈여겨본 호놀룰루 YWCA 회장이자 하와이 사범대학 학장 부인이었던 앤드루 여사의 권유로 YWCA 간사로 활동하기 시작해 1947년에는 한국 YWCA 고문 총무로 귀국했다. 박에스더는 YWCA 회관을 확보하기 위해 후원자를 모으고 각 지역에 YWCA 운동을 확산시키며 한국 YWCA가 성장할 수 있는 기반을 마련했다. 박에스더는 박영숙에게 그야말로 '생의 모델'이었다. 박영숙은 박에스더를 "사람을 끌어당겨서 YWCA에 잡아두는 비법을 가진 분"이라고 회상하며, 그 비법은 곧 "퍼붓는 사랑"이라고 밝힌 바 있다.

양한 나라에 방문하고 다양한 사람을 만나면서 세상을 보는 눈이 점점 넓고 깊어졌다.

환경운동의 시초 소비자보호운동

1970년대는 우리나라 여성단체 회원들이 여성운동과 환경운동의 출발점이 된 '소비자보호운동'에 힘쓸 때였다. 남자를 우선시하는 차별적인 가족법의 내용을 개정하라는 운동을 벌여서 일부 개정을 이루어냈다. 또한 1960년대부터 이어진 국산품 애용운동에 더해 '합성 세제 반대운동'을 함께 진행했다.

합성 세제 연구를 시작하고 얼마 지나지 않아 박영숙을 비롯한 여성 활동가들은 기업들이 이윤을 위해 별생각 없이 만들어 팔고 있는 경성

하천을 오염시키는 경성 세제

합성 세제에는 크게 경성 세제와 연성 세제가 있다. 생 분해가 잘 되는 연성 세제와 달리 물에 잘 분해되지 않는 경성 세제는 하수로 버려지면 제대로 처리되지 못해 거품 막이 형성되어 하천을 뒤덮는다. 그렇게 되면 빛과 산소가 차단되어 수중 생물들을 죽게 만든다. 현재 경성 세제 생산은 금지되어 있다. 연성 세제 역시 합성 세제이기 때문에 수질을 오염시킨다. 그리하여 최근에는 천연 계면활성제를 활용한 일명 '친환경 세제'에 대한 연구 개발 활동이 활발하다. 그 밖에도 일상생활에서 식초, 베이킹소다 등을 세제 대신 활용하는 이들이 늘어나고 있다.

 환경과 사람을 살리는 한국 환경운동의 대모

세제가 물의 생명력과 건강성을 해치고 있다는 사실을 알게 되었다. 박영숙은 여성단체와 함께 경성 세제 공장 폐쇄 시위를 시작했다. 지속해서 문제를 제기한 끝에 경성 세제 생산은 중지되었다. 이 사건은 우리나라에서 기업을 상대로 환경운동을 벌여 승리를 거둔 첫 사례가 되었다. 이 일로 박영숙은 환경 문제에 더욱 깊이 관여하기 시작했다.

죽음의 문화를 반대하는 '생명문화창조운동'을 시작하다

1970년대 우리나라에는 환경운동이라는 단어조차 잘 알려지지 않았기 때문에 환경 문제를 제기하는 것은 사회 체제를 반대하는 행동으로 비치기도 했다. 그 무렵 우리 사회는 더한 문제로 고통을 받고 있었다. 1970년에 전태일 열사가 분신했고, 1972년을 지나며 '10월 유신 비상계엄'으로 군사 독재 정권이 한층 더 포악해진 상황이었다. 그래서 소비자보호운동, 환경운동은 그보다는 급하지 않은, 태평한 운동으로 취급받았다. 박영숙은 짐짓 뒤로 물러나는 듯했지만 결코 포기하지 않았다. 교회 안에서 '생명문화창조운동'의 이름으로 환경운동을 시작했다.

생명문화창조운동은 1970년대 말, '한국기독교장로회' 여신도회에서 시작되었는데, '죽음의 문화'를 몰아내고 생명의 문화를 살리자는 운동이었다. '죽음의 문화'라는 말은 생명을 존중하지 않고 삶을 파괴하는 가치관과 관습, 행동 양식을 가리킨다. 1970년대 우리 사회는 산업과 기술의 발전으로 경제적으로는 성장하고 있었지만 물질 만능주의에 빠져 생명의 가치보다 돈을 우선시하고, 힘, 명예, 쾌락을 추구하고 있었다.

생명문화창조운동은 이러한 죽음의 문화를 생명의 문화로 바꾸려면 개인이 일상에서 먼저 실천해야 한다고 강조했다. 내가 아껴서 이웃 도와주기, 재산은 자녀에게만 물려주지 않고 사회에 환원하기, 혼수품 간소화하기, 소박하게 먹기, 안 쓰는 것은 나눠쓰기, 에너지 절약하기 등이 실천 사항으로 강조되었다. 더 나아가 생명문화창조운동은 생명의 근원인 물 건강 지키기, 깨끗한 공기 유지하기, 농토 살리기, 공해 문제 해결하기 등의 활동을 이어 나갔다.

하지만 당시 대다수 국민들은 군사 독재 정권의 지배로 너무나 고통스러웠던 나머지 생명문화에 관심을 둘 만큼 여유가 없었다. "너무 한가하다."라는 주변의 조롱 섞인 비난을 받아야 했다. 하지만 생명문화창조운동의 두 대표자였던 박영숙과 안상님은 뜻을 굽히지 않았다. 일상의 민주화와 전체 사회체제의 민주화는 멀리 떨어져 있는 게 아니라고 확신했기 때문이었다.

광장에서 국회까지, 민주주의와 환경을 위한 외침

박영숙이 환경 문제에만 목소리를 낸 것은 아니었다. 1980년대 전두환 정권의 독재에 맞서 민주화운동에 온 힘을 쏟았다. 1986년 부천에서 일명 '부천서 성고문 사건'이 일어났다. 이 사건은 노동운동을 했던 학생 출신 권인숙이 위장 취업을 했다는 이유로 부천서에서 체포되어 담당 형사에게 성고문 당한 사건이었다. 1987년 12월 권인숙 재판에 참여한 박영숙은 부당한 판결에 대항해 고래고래 고함을 지르며, 격렬한 몸싸움을 벌였고,

1988년 박종철 고문치사 항의 시위에 참석한 박영숙(오른쪽에서 세 번째) ©여성신문

즉시 서대문 구치소에 수감되었다. 박영숙은 구치소 복도를 향해 이렇게 외쳤다.

"우리 딸들, 여기 있느냐? 이 엄마가 너희들 곁으로 왔다. 재판부하고 싸우다 들어왔다. 엄마가 왔으니 같이 더욱 힘내서 싸우자."

박영숙의 말이 끝나자마자 서대문 구치소 복도에 박수 소리가 오래도록 울려 퍼졌다. 이렇듯 어둡고 어수선했던 1980년대 박영숙은 민주화운동에 뛰어들어 몸을 사리지 않고 투쟁했다. 남들이 맡기를 꺼려하는 중책도 흔쾌히 맡았고, 도움이 필요한 곳에 거리낌 없이 손을 내밀었다.

이러한 박영숙의 활약을 눈여겨 본 평화민주당에서는 박영숙을 영입해 부총재로 임명했다. 그리고 박영숙은 제13대 국회의원이 되었다. 박영숙은 국회의원으로 활동하면서 여성의 생존과 권리를 위해 가족법과 남녀고용평등법을 개정했고, 환경 문제 역시 정책에 반영하려고

애썼다.

이 시기에는 전국 곳곳에서 급격한 산업화가 만든 환경 재해가 발생하고 있었다. 공장에서 나오는 폐기물을 함부로 땅에 묻고, 공장 폐수를 강과 바다에 아무렇게나 흘려보내는 바람에 땅, 물, 공기 모두 오염되어 사람들이 다치고 병에 걸렸다.

박영숙은 공해 문제가 발생할 때마다 현장에 직접 찾아가 상황을 파악하고 분석한 뒤 문제가 해결될 때까지 계속해서 국회에 문제를 제기했다. 당시 국회는 환경 문제를 심각하게 생각하지 않아 박영숙의 말을 진지하게 들어주지 않았다. 하지만 박영숙이 꾸준히 목소리를 내어 낙동강 페놀 유출 사건 처리, 안면도 핵폐기장 건설 백지화, 골프장 건설 규제 강화, 제주도 개발 특별법 제정 저지 등 환경 관련한 정책을 통과시켰다. 또한 환경 문제에 관해 전화로 직접 제보를 받고 상담해 주는 '녹색의전화'를 개설했다. 박영숙은 녹색의전화를 통해 제보를 받았을 때 직접 상담하고 현장에 나가 살펴보기도 했다. 이처럼 일상에서 겪는 환경 문제들을 해결하기 위해 우리나라뿐만 아니라 외국의 사례를 연구해 정책에 반영하려고 노력했다.

리우데자네이루 지구정상회의에 한국 공동 대표로 참가하다

1992년 브라질 리우데자네이루에서 개최된 지구정상회의(리우 회의)는 전 세계 환경운동의 역사에서 주목할 만한 회의이다. 전 세계 178개

　　　　환경과 사람을 살리는 한국 환경운동의 대모

국 정부 대표단과 167개국의 민간단체 대표 1만여 명을 비롯해 대통령, 수상과 같은 국가의 인사가 참석한 역대 최고 규모의 국제회의였다. 이 회의에서는 지구 환경을 보호하기 위한 대책을 논의했고 환경과 개발에 관한 리우 선언, 기후변화협약, 생물학적 다양성 보전 조약 등 굵직한 환경 의제들이 체결되었다.

우리나라도 대표단을 꾸려 이 회의에 참석했는데, 박영숙 역시 대표단의 공동 대표로서 참석했다. 회의장 근처에서는 다양한 이벤트와 시

리우 선언

리우 선언은 1992년 지구정상회의에서 채택된 선언문으로, 지구 환경과 개발에 관한 행동 강령이다. 총 27개의 원칙으로 구성되어 있다. 첫 번째 원칙은 아래와 같다.

· 원칙 1

인간을 중심으로 지속 가능한 개발이 논의되어야 한다. 인간은 자연과 조화를 이룬 건강하고 생산적인 삶을 향유해야 한다.

그중에서 환경 문제를 해결하는 주체로서 여성의 역할을 강조한 원칙이 눈에 띈다.

· 원칙20

여성은 환경 관리 및 개발에 있어서 중대한 역할을 수행한다. 따라서 지속 가능한 개발을 달성하기 위해서는 그들의 적극적인 참여가 필수적이다.

이는 기존에 정치, 경제, 사회의 권력이 남성에게 집중되어 있는 구조가 지구의 환경에 악영향을 미쳤다는 반성과 통찰에서 나온 원칙으로 보인다.

1992년 리우 회의 현장

위가 벌어지고 있었다. 한국 대표단은 우리의 전통 사물놀이를 앞세워 '핵 반대'와 '전쟁 반대' 두 가지 주제로 시위를 벌여 사람들의 주목을 받았고 그 선두에는 늘 박영숙이 있었다. 수많은 기자 앞에서 박영숙은 한국 환경 문제의 현주소에 관한 자신의 의견을 적극적으로 표현했다.

회의를 마치고 귀국한 박영숙은 환경 문제에 관심이 있는 동료들과 함께 한국환경사회정책연구소를 설립했다. 이 연구소는 한국 사회에서 일어나고 있는 환경 문제를 연구해 정책으로 만들기 위해서 세워졌다. 그 과정에서 일반 시민들에게 환경 문제를 널리 알리고, 시민들이 환경 문제 해결에 참여할 수 있도록 토론회를 열었다. 박영숙은 진정한 민주주의를 실현하려면 시민들의 알권리를 보장해야 한다고 생각했다. 그래서 연구소에서 만든 자료를 모두 투명하게 공개했다. 덕분에 시민은 물론이고 각 분야의 전문가와 정책을 만드는 의원들도 참고할 수 있었다.

   환경과 사람을 살리는 한국 환경운동의 대모

많은 여성을 '공적인 삶'으로 이끌다

박영숙은 환경운동과 여성운동을 같이 하면서 여성 환경운동가들이 가진 고충을 알고 이들이 함께 활동할 수 있는 자리가 필요하다고 느꼈다. 이렇게 탄생한 것이 바로 '여성환경연대'였다. 환경 단체에서 일하는 여성들과 여성 단체 안에서 환경 문제를 다루는 여성들이 한데 모여 여성과 환경을 주제로 이야기를 나누었다.

여성환경연대는 인간이 자연을 지배하는 것과 남성이 여성을 지배하는 것이 같은 방식으로 작동한다고 말한다. 인간이 자신이 가진 힘으로 자연을 마음대로 하듯이, 남성은 힘과 권력으로 여성을 마음대로 하려고 한다는 것이다. 따라서 환경운동을 할 때 이러한 점을 고려하지 않으면 문제가 해결될 수 없다고 보았다. 환경 의식을 갖춘 여성 지도자들이 연대해 문제를 해결할 수 있는 주체가 되어야 한다는 것이다. 이를 위해 박영숙은 후배 여성 활동가들이 활동 중에 부딪히는 현실적인 어려움을 적극적으로 해결해 주었다. 그래서 박영숙은 '환경운동의 대모'라 불린다. 박영숙을 비롯한 많은 여성 활동가들의 노력으로 오늘날 여성의 지위는 과거와 비교했을 때 많이 향상되었다.

박영숙은 "생을 마칠 때까지 현역으로 살고 싶다."라고 늘 말했다. 현역은 어떤 일을 맡고

2010년 세계 여성의 날 기념 한국여성대회에서 행진하고 있는 박영숙(왼쪽에서 두 번째) ⓒ여성신문

있다는 것을 뜻한다. 그녀의 말속에는 공직을 맡지 않더라도 한 개인으로서 생활 속에서도 늘 실천하고 일하고 싶다는 의미가 담겨 있다. 박영숙은 한국의 여성운동과 환경운동 역사에서 자신에게 맡겨진, 아니 스스로 맡은 사회적 임무를 다하는 삶을 살았다. 박영숙이 세상을 떠나기 4년 전(2009년)에 세운 환경운동 · 여성운동 · 시민운동 등을 지원하는 재단법인 '살림이'는 그의 삶과 지극히 어울리는 이름이다.

박영숙의 공적인 삶은 후배 여성들의 공적인 삶으로 이어졌다. 박영숙의 삶에서 공적인 삶의 모범사례를 목격한 수많은 여성이 박영숙의 뒤를 잇겠다고 오늘도 곳곳에서 나선다. 박영숙이 생을 마칠 때까지, 아니 박영숙이 생을 마쳤음에도, 박영숙이 지향한 현역의 삶 즉 여성들의 공적인 삶은 오늘도 우리 곁에서 살아 숨 쉬고 있다.

환경과 사람을 살리는 한국 환경운동의 대모

페트라 켈리

Petra Karin Kelly, 1947~1992

"정의 대신 불의가 세상을 지배할 때
저항은 의무가 되어야 합니다!"

1957년 어느 봄날 오후, 독일 남부의 작은 도시 귄츠부르크에 자리 잡은 아담한 집 거실, 신문을 읽는 할머니 곁에 앉은 손녀가 이제 막 학교 숙제를 끝낸 참이었다.

"페트라, 괴팅엔 과학자 열여덟 분이 오늘 '핵폭탄 제조, 실험, 사용에 대한 협력 반대'를 선언했단다. 과학자들이 용감하게 나서주니 정말 고맙구나. 평화를 위해 핵폭탄을 만들겠다는 과학자들이 넘쳐나는 세상인데 말이다."

"그런데 할머니, 평화랑 핵폭탄은 서로 어울리지 않아요."

"옳지, 바로 그걸 과학자들이 지적한 거야. 페트라, 신문 기사 몇 줄 읽어 줄 테니 잘 들어 보렴. '모든 전술 핵폭탄은 히로시마를 파괴한 최초의 핵폭탄과 유사한 효과를 가지고 있습니다. 전술 핵무기는 현재 대량으로 사용할 수 있기 때문에 전체적인 파괴적 영향은 훨씬 클 것입니다.' 여기서 전술 핵무기란 파괴 범위를 좁힌 핵폭탄, 핵폭발 영향력을

독일 귄츠부르크의 풍경 ©Helmlechner

제한한 핵폭탄을 말한단다. 자, 페트라, 어떻게 생각하니?”

할머니가 페트라를 응시했다. 페트라는 2초쯤 골똘히 생각하더니 입을 열었다.

“아니, 근데, 과학자들이 말씀하시잖아요. 전술 핵폭탄은 전체로 볼 때 히로시마 핵폭탄보다 파괴적 영향이 훨씬 더 클 거라고 말예요.”

“그렇지? 우리는 전술 핵폭탄이라는 단어를 듣고 ‘괜찮은, 덜 위험한 핵폭탄이 있네.’ 라고 생각해선 안 되겠지?”

장단이 잘 맞는 두 사람의 대화는 한참 동안 더 이어졌다. 아침 일찍 출근했던 페트라의 엄마가 퇴근해 문 열고 들어서며 “어머, 집안이 왜 이렇게 어둡지?”라고 말할 때까지 그치지 않았다. 전등을 켤 짬도 없이 둘은 주거니 받거니 대화에 열중했던 것이다.

페트라는 매일 할머니와 대화하면서, 세상에서 일어나는 일들에 대

    최초의 녹색당을 세운 정치인이자 반핵평화운동가

하여 스스로 생각하고 판단하는 힘을 키웠다. 아울러 '평화를 방해하는 모든 것들에 저항해야 한다'는 것을 마음속에 새겼다. 페트라의 할머니는 나중에 '녹색 할머니'라는 별명으로 유명해진 '쿠니군데 비열레 Kunigunde Birle' 여사다.

녹색 할머니 옆에 녹색 어린이

1945년 제2차 세계 대전이 연합국의 승리로 끝났을 때 연합국 사람들은 독일을 동서로 나누어 관리했다. 쿠니군데가 살던 곳은 독일의 남서쪽이어서 서독에 포함되었다. 이 지역엔 미군이 들어와서, 전쟁으로 망가졌던 시민들의 일상 회복을 도왔다.

그 무렵 10대 소녀였던 쿠니군데의 딸 마리아네는 독일 전쟁 포로 청년과 펜팔 친구가 되어 한창 재미나게 편지를 주고받던 참이었다. 당시엔 전쟁 포로 청년들과 학생들 사이의 펜팔 친구 맺기가 유행이었다. 스무 살 안팎의 독일 전쟁 포로들은 비슷한 나이 또래의 여학생들과 편지를 주고받으며 수용소 생활을 견뎠다. 그들은 하루 빨리 수용소에서 벗어나기를 고대했다. 미군은 독일 전쟁 포로를 풀어줄 때, 동독과 서독 가운데 선택할 자유를 주었다. 폴란드계 독일인 리하르트 지크프리트 레에만이라는 청년은 자기 고향인 드레스덴으로 되돌아가기 싫었다. 드레스덴은 연합국의 폭격을 맞아 끔찍한 유령 도시가 됐기 때문이었다. 그는 펜팔 친구 마리아네에게 부탁했다.

"너네 집 주소를 내가 돌아갈 곳으로 적어서 낼까 하는데, 괜찮아?"

쿠니군데의 집에 온 리하르트는 얼마 지나지 않아 마리아네와 결혼했다. 1947년 11월 29일, 리하르트와 마리아네 사이에 태어난 아이가 바로 '페트라 카린 레에만(훗날의 페트라 켈리)'이다.

딸은 무럭무럭 커갔다. 하지만 아빠는 걸핏하면 끈 떨어진 연처럼 집을 떠나 방랑자처럼 돌아다니다 어깨가 축 처져서 돌아오곤 했다. 그러던 어느 날 그는 집을 나가 영영 돌아오지 않았다. 몇 년 뒤 부부는 이혼했고, 졸지에 마리아네는 가장이 되었다. 다행히 금세 미군 기지에서 일자리를 구할 수 있었다. 엄마가 일하기 시작한 때부터 페트라와 할머니는 더 오랜 시간을 오붓하고 재미있게 지낼 수 있었다.

페트라와 할머니는 세월이 흐를수록 점점 더 '절친'이자 '동지'가 되어 갔다. 훗날 페트라의 할머니는 페트라의 녹색당 활동을 물심양면으로 도왔다. 자신의 집을 페트라의 녹색당 선거 사무실로 기꺼이 내주었다. 전화가 오면 페트라 대신 받아 주었고, 우편물을 하나하나 분류해서 페트라에게 전해 주었다. 페트라는 할머니를 '나의 대들보' 또는 '나의 피난처'로 불렀다.

쿠니군데 비열레와 페트라 켈리 ⓒHWA

  최초의 녹색당을 세운 정치인이자 반핵평화운동가

갈매기 '조나단' 처럼

페트라가 열 살 때 페트라의 엄마는 존 에드워드 켈리라는 미군과 재혼했다. 페트라에게 새아빠가 생긴 것이다. 새아빠는 페트라의 눈빛과 표정과 말에 마음을 쓰는 섬세한 사람이었다. 페트라가 스치듯 내뱉는 말 한 마디까지도 그는 흘려듣지 않았다. 페트라는 자상한 새아빠가 좋았다. 그래서 어느 날 선포했다.

"엄마, 할머니, 난 오늘부터 '페트라 레에만' 안 하고 '페트라 켈리' 할 거예요."

아무도 독일인 친아빠에게서 받은 성을 바꾸라고 페트라에게 제안

그레이스 켈리와 페트라 켈리 ©HWA

하거나 강요하지 않았다. 오직 열 살 남짓의 페트라가 스스로 선택한 것이었다.

"그러면, 페트라를 새아빠 가족 명단에 등록해도 될까?"

엄마가 물었을 때 페트라는 빙그레 웃으면서 고개를 저었다. 성은 새아빠를 따라 '켈리'로 바꾸겠지만, 국적은 그냥 독일로 두겠다는 뜻이었다.

페트라가 열두 살이 될 무렵 여동생이 태어났다. 페트라는 귀여운 여동생 그레이스를 애지중지 아꼈다. 그레이스가 태어났을 때 마침 새아빠의 독일 근무가 끝났다. 페트라는 엄마, 새아빠, 그레이스와 함께 미국으로 이사하기로 결정했다. 할머니와 떨어지는 것은 좀 슬펐지만, 그레이스와 함께 있을 수 있어서 페트라는 기분 좋게 이삿짐을 쌌다.

1960년 미국에 처음 도착했을 때 페트라는 자신의 영어 실력이 부족하다는 것을 깨닫고는 밤새도록 영어를 공부했다. 곧 영어 웅변대회에서 입상할 만큼 영어 실력이 좋아졌다. 뒤이어 영어 글쓰기에 도전했다. 얼마 지나지 않아 페트라는 고등학생 신분으로 학교 신문이나 지역 신문에 칼럼을 발표하기에 이르렀다. 페트라는 학기를 마칠 때마다 거의 매번 우수 학생으로 뽑혔다. 성적만 잘 받은 게 아니었다. 페트라는 '민주청소년단'이나 '미국군인의딸연맹'과 같은 외부 기관 활동에서도 두각을 드러냈다.

최초의 녹색당을 세운 정치인이자 반핵평화운동가

학창 시절 페트라는 말하자면 '노력형 수재'였다. 페트라는 목표를 정하고 그것을 위해 노력할 때 기쁨과 환희를 느꼈다. 그래서일까, 페트라는 이미 잘 날아오를 줄 앎에도 불구하고 더 높이 더 빨리 날아오르고자 밤낮으로 노력하는《갈매기의 꿈》소설의 주인공 '조나단 리빙스턴'을 좋아했다.

여동생의 죽음, '암과 핵의 불길한 연관성'에 주목하다

1966년 워싱턴 D.C.의 아메리칸 대학에 입학하자마자 페트라는 외국인 학생 대표 선거에 출마했다. 그때 페트라의 선거 표어는 "강한 여성에게 한 표를!"이었다. 운전할 줄도 모르는 오토바이에 걸터앉아 활짝 웃고 있는 사진을 선거 포스터로 내걸었다. 선거 결과, 페트라가 당선되었다. 외국인 학생 대표로 선출된 페트라는 곧 국제주간행사를 기획했다. 첫 행사는 적은 예산에 맞추느라 행사 규모가 조출했지만 2회 행사는 완전히 달랐다. 노력형 수재 페트라는 예산과 홍보에 많은 노력을 쏟아부어 지난 행사의 단점을 보완했다. 인근 대학들이 두루 참여하고 유력 정치인들까지 찾아오는 대규모 연합 축제로 확장되었다. 불과 1년 만에 이루어 낸 성과였다.

대학을 졸업한 뒤, 페트라가 젊은 여성 정치 활동가로 즐겁게 경력을 쌓아 나가고 있을 즈음, 그 모든 기쁨을 무너뜨릴 만큼 대단히 슬픈 일이 터지고야 말았다. 그때 열 살밖에 안된 사랑스러운 여동생 그레이스가 세상을 떠난 것이다. 그레이스는 육종암 발병 이후 3년간 미국과 독일을 오가며 투병하던 끝에 숨을 거두고 말았다. 페트라는 여동생을 여읜 슬픔에서 한동안 헤어나오지 못했다. 여동생을 따라 세상을 떠나려는 생각까지 했다. 다행히 페트라는 그 무거운 상실감을 이겨 냈을 뿐 아니라, 그레이스처럼 어려서 큰 병을 앓는 어린이를 위한 사업 '어린이 별나라'를 시작했다. '어린이 별나라'는 그레이스가 좋아하던 생텍쥐페리의 작품 《어린 왕자》에서 영감을 받아 지은 이름이었다.

'그레이스켈리재단'과 '어린이 별나라'

여동생 그레이스의 암 투병과 죽음을 곁에서 지켜보던 페트라는 가족·지인들을 모아 '그레이스켈리재단'을 설립했다. 이 재단은 '소아암-핵산업'의 연관성 연구에 집중하는 시민 단체로 출발했다. 이 재단의 중요한 사업은 '어린이 별나라'였다. 어린이 별나라는 소아암 및 만성질환 어린이 환자들을 위한 심리사회적 모델을 기반으로 한다. 어린이 환자들이 병원과 의사의 치료 계획과 일정표를 따라 부모와 분리되어 치료받을 때 생기는 여러 부작용(예를 들어 말더듬, 의기소침, 악몽, 야뇨증, 식욕부진 등)을 해결하고자 하는 사업이다. 이 사업에는 건축가, 설계가, 의사, 심리학자들이 참여했다. 어린이 별나라는 의사의 의료적 기술보다는 가족의 친밀한 사랑을 중심에 두며, 다음의 네 가지를 갖춘다.

1) 외래 환자를 위한 집단 치료 및 치료 감독이 함께 이루어지는 치료실
2) 치료 후 곧장 부모의 보살핌을 받을 수 있게끔 설치된 공간 '루밍 인rooming in'
3) 혈액 투석을 위한 연습 센터
4) 놀이 공간과 활동 공간을 확보한 병원 학교

   최초의 녹색당을 세운 정치인이자 반핵평화운동가

여동생 그레이스가 사망한 바로 그해, 페트라는 '랄프네이더시민모임'이 개최한 '방사선과 암의 관계'를 다루는 토론회에 참석한다. 네이더는 당시 미국에서 활동하던 소비자운동가이자 반핵 환경운동가였다. 그의 뚜렷한 업적 중 하나는 '자동차 안전벨트 의무 설치'다. 자동차 안전사고를 예방하기 위해 운전자들이 개별적으로 노력할 일이 아니라 자동차 회사가 제작 단계에서 공식으로 노력을 기울여야 한다고 주장해서 이루어 낸 조치였다.

그 모임이 주최한 '방사선과 암의 관계' 토론회에서 페트라는 '암과 핵의 연관성'에 귀가 번쩍 뜨였다. 페트라의 머릿속에서, 1945년 8월 히로시마·나가사키 핵폭탄 투하 직후 그 근처에서 일해야 했던 새아빠의 근무 환경과 여동생의 암 발병이 의미 있게 연결되었다. 페트라는 이 연결고리를 추적하기로 결심했다. 이듬해 1971년, 페트라는 랄프네이

히로시마(왼쪽)·나가사키(오른쪽) 핵폭탄 투하 당시 모습

더시민모임이 주관하는 제1차 전국(미국)반핵대회에 참가했다.

강점과 약점: 끈기 그리고 우울

페트라는 어려운 상황이 닥치면 그 상황을 직접 다룰 권한과 책임을 지닌 사람에게 편지를 써서 해결을 촉구했다. 당대에 페트라의 편지를 받은 사람은 미국 대선 후보, 소비에트 연방 대사, 독일 수상과 정부 관료, 교황 바오로 6세까지 다양했다. 페트라의 편지를 받은 사람은 답장을 쓰지 않고는 배길 수 없었다. 편지를 받았던 사람들 중 미국 부통령의 비서는 다음과 같은 말을 남겼다.

"글 솜씨가 탁월했고, 워낙 많이 써서 보냈어요."

문제 해결과 도전 과제에 관한 한 '직관적이고 집요하며 위험한 인물'임을 자처하는 페트라에게는 딱 한 가지 아픔이 있었다. 불안 장애였다. 페트라는 불안 장애를 병원의 상담 치료가 아니라 노력을 통해 해결하려 했다. 그러나 학업 성적이나 정치 활동과는 달리, 불안증에 대한 페트라의 노력은 종종 실패했다.

작은 스트레스도 크게 느끼는 예민한 성품 탓이었을까, 아마추어 예술가였던 친아빠에게서 불안정한 기질을 물려받은 까닭이었을까. 페트라는 불안을 쉬 떨쳐 버리지 못했다. 페트라의 친구들은 페트라가 혼자 있는 것을 몹시 두려워했다고 말한다.

세계 최초의 환경 정당 녹색당

 '암과 핵의 불길한 연관성'에 주목한 이후, 페트라는 치료용 엑스레이 촬영과 임신·출산의 상관성에 대해서도 심각한 문제의식을 갖게 되었다. 1970년대 '유럽공동체EC' 인턴을 거쳐 정규직 행정관으로 일할 때에 이미 페트라는 핵무기와 핵발전소 문제에 대하여 여러 활동가들과 토론하며 자신의 생각을 날카롭게 다듬고, 실질적 반핵운동에 참여하기 시작했다. 1970년대 중반에는 핵발전소 반대운동을 이끄는 '시민주도환경보호전국연합(BBU)'에 들어갔고, 1977년에는 BBU 상임 위원을 맡았다. 핵폭탄 피해자 증언을 듣고자 일본을 방문했고, 베를린 방사능피해자대책회의에도 참석했다. 핵발전소 과학자 청문회를 개최하려는 아일랜드 노동조합을 돕는 한편, 잘츠부르크 세계우라늄청문회에도 협력했다. 핵 산업 이윤을 노리고 조직 폭력배처럼 활동하는 '핵 마피아'를 조사하기도 했다. 이후에 1986년 체르노빌 핵발전소 사고 당시 검사관이었다가 이후 소련 정부의 지독한 압력과 방해에 시달리던 우크라이나 핵물리학자 블라디미르 첼누센코를 후원하는 일에 발 벗고 나서는 등 페트라는 더 열심히 반핵운동을 펼쳤다.

 페트라에게 핵은 결코 생태친화적 물질이 아니었다. 그것은 전쟁을 일으키는(혹은 억누

체르노빌 원자력 발전 사고 현장 ⒸIAEA

독일 녹색당 로고

르는) 데에 쓰여도 반생태적이었고, 전기를 만드는 데에 쓰여도 반생태적이었고, 의료적 기술로 쓰여도 반생태적이었다. 페트라는 예쁜 꽃으로 장식한 군인 모자를 쓰고서 핵무장 반대 집회에 참여하고, 핵발전소 반대 집회에서 연설하며, 독일과 일본과 호주와 미국을 누비며 반핵운동을 펼쳤다. 시위대 속에 들어가 행진할 때, 집회 장소에서 연설할 때, 페트라는 항상 희망을 보았다. 여러 사진에 기록된 길거리 시민운동에 참여한 페트라의 방긋 웃는 표정은 더할 나위 없이 밝고 환했다. 무엇보다 평화로웠다.

그러다 어느 순간 페트라는 길거리 시민운동과 정치적 의회 활동이 함께 가야 한다는 것을 깨닫게 되었다. 즉시 페트라는 뜻 맞는 동료들을 모아 녹색당 창립을 시작했다. 페트라는 녹색당의 취지를 다음과 같이 말했다.

"우리는 기존의 정당 시스템 내에서는 평화롭고 생태친화적인 미래에 대한 관심사를 드러낼 수 없었던 사람들의 욕구를 평화운동과 녹색당 내부에서 독립적으로 밝힐 것입니다. 원외에서만 이루어지는 자발적인 운동으로는 새로운 안보 사상에 대한 요구를 비롯한 다양한 요구들을 관철시킬 수 있는 기회를 얻기가 어렵지요. 자율적으로 이루어지는 평화운동과 환경운동은 사회적인 힘의 관계 때문에 어떤 형태로든 기존 정치 체계와 관계 맺지 않을 수 없습니다."

    최초의 녹색당을 세운 정치인이자 반핵평화운동가

페트라는 창당 직후부터 수년간 유력한 녹색당 대변인으로 활동했다. '녹색당' 하면 사람들은 거의 자동으로 "아하! 페트라"라고 했다. 페트라는 '녹색 스타' 또는 '녹색 요정'이었다. 1979년 유럽 의회 선거에 출마하며 전국적 선거운동을 펼친 탓도 있지만, 물 흐르듯 유려한 연설과 어린 아이처럼 정직하고 해맑은 페트라의 인간적 매력이 대중에게 전달되었기 때문이다.

아닌 게 아니라 페트라가 말하기 시작하면 사람들 모두가 페트라의 말에 스며들었다. 페트라의 연설에는 특별한 힘이 있었다. 그것은 감성의 힘이었다. 페트라는 딱딱하고 차가운 논리보다 부드럽고 따뜻한 감성을 중시했다. 페트라의 '감성 안테나'는 논리에서는 드러나지 않는 문제점을 찾아낼 때 더욱 힘을 발휘했다. 예를 들어 국회의사당 마이크가 오직 남성 발언자의 음성 크기와 발성 높이에 맞춰져 있다는, 미세한 차이를 처음 꼬집어 낸 사람이 페트라였다.

1979년 페트라가 친구들과 함께 만든 녹색당은 1980년 1월에 창립 총회를 열었고, 1983년에는 성공적으로 국회에 등원했다. 1983년 5월 4일, 국회에 등원한 페트라는 다음과 같이 연설했다.

"정의 대신 불의가 세상을 지배할 때 저항은 의무가 되어야 합니다!"

한편 페트라는 녹색당이 '정당 반대당, 정당 같지 않은 정당'으로 활동해야 한다고 강조했다. 국회에서 권력을 쥐려면 녹색당도 다른 정당과 똑같은 방식으로 정치 활동을 해야 한다고 주장하는 사람들에게 페트라는 말했다.

"의회에서 권력을 잡는 게 우리의 목표가 아니에요. 의회는 우리가
녹색운동에 관련된 정보를 퍼뜨리는 공간에 불과합니다."

페트라에게는 녹색당이 정치 권력을 가지는 것보다 더 중요한 게 있
었다. 비폭력 저항, 젠더 평등과 아동 보호, 그리고 생명, 평화, 녹색의
시민운동이었다. 무엇보다 페트라는 자발적으로 일어나는 시민운동
영역에 발을 딛고 서야 한다고 생각했다. 그러한 페트라를 못마땅하게
생각하는 사람들이 녹색당 바깥뿐 아니라 녹색당 안에도 있었다. 게다
가 페트라의 정치적 역량, 대중적 인기를 질투하는 사람들까지 나타났
다. 그 와중에 페트라가 작은 실수를 저지르자 그들이 한데 뭉쳐서 페
트라를 물어뜯으려 난리를 쳤다. 페트라의 작은 실수는 페트라가 녹색
당 내부 규칙을 따르지 않겠다고 선언한 것이었다. 이는 따지고 보면
녹색당 내부 규칙을 유연하게 적용한, 참신한 돌발 선언 같은 것이었
다. 그렇지만 페트라는 '반칙하는 정치인'이라는 누명을 뒤집어쓰게 되
었다. 삽시간에 페트라는 녹색당 안에서 외톨이가 되었다. 1990년 녹색
당 창당 10주년 시점에는, 녹색당 사람들이 페트라에게 관심을 두지 않
는 지경에 이르렀다.

페트라가 남긴 것, 평화 또 평화

1992년 10월 어느 날, 페트라의 갑작스런 죽음이 세상에 알려졌다.

     최초의 녹색당을 세운 정치인이자 반핵평화운동가

페트라는 집안에서 총에 맞아 죽은 지 3주나 지난 상태로 발견되었다. 페트라를 쏜 범인은 남자친구였고, 남자친구도 스스로 목숨을 끊었다는 수사 결과가 빠르게 발표됐다. 암살 의혹이 제기될 만큼 몹시 수상쩍은 죽음이었지만, 장례식은 굉장히 평화롭게 엄수되었다. 마치 '평화'라는 가치가 그녀 인생을 관통하는 유일한 주제인 듯한 광경이었다.

실제로 페트라의 활동 영역은 '녹색, 반핵, 여성'이었고 이 세 영역에서의 활동을 처음부터 끝까지 뒷받침한 힘은 '평화'였다. 페트라에게 '녹색, 반핵, 여성'은 평화를 바탕에 두고 있어야 하는 주제들이었다.

"평화 교육의 궁극적인 목표는 인류가 누리는 평화를 통해 우리 어머니인 지구, 거기 사는 모든 생명에 대하여 공경 의식을 나눠 갖게 하는 것입니다."

1990년, 2년 뒤의 죽음을 꿈에도 몰랐던 페트라가 당당히 새로 시작한 '평화 교육 선언'의 한 대목이다. 녹색당 안에 대립과 분열이 극심했고, 독일 연방의회는 녹색당을 쫓아냈으며, 페트라는 녹색당 후보로 공천 받지 못했던 시기였다. 그녀 인생에서 평화라는 건, 눈 씻고 찾아봐도 보이지 않던 때였다. 바로 그때에도 페트라는 평화를 이야기했다. "평화를 말하기 어려운 때에도 평화를 말해 보세요."라고 속삭이는 듯하다. 핵폭탄 위기가 고조되던 때에도 할머니와 마주앉아 핵폭탄과 평화를 주제로 이야기꽃을 피웠던 그 옛날처럼.

페트라가 오늘날 우리에게 물려준 유산 또한

페트라 켈리

바로 그것이다. 평화! 해맑은 웃음, 높고 밝은 목소리에 담긴 '녹색, 반핵, 그리고 여성'의 평화 말이다.

    최초의 녹색당을 세운 정치인이자 반핵평화운동가

변화를 위한 용기 있는 목소리

나오미 클라인

• Naomi Klein, 1970~ •

"우리는 모두 연결되어 있고,
서로에게 영향을 미칩니다.
그래서 우리는 더 나은 세상을 만들기 위해
함께 노력해야 합니다."

유명 브랜드의 화려한 상품이 가득한 대형 쇼핑몰에 한 여자 아이가 친구들과 함께 쇼핑을 즐기고 있었다. 가판대에 있는 화려한 상품들은 이들의 눈을 사로잡았다.

"나오미, 우리 이거 사고 나서 신발도 보러 가자."
"좋아, 이 옷 어때? 새로 나온 디자인이라고 하더라."

유명한 브랜드의 신발, 액세사리, 옷 등 새로운 물건을 살 때마다 느끼는 짜릿함에 중독된 나오미는 학교 수업이 끝나면 쇼핑몰로 달려가곤 했다. 옷장에는 한 번도 입지 않은 새 옷이 가득하고, 쇼핑 때문에 아르바이트 수입의 대부분을 쓸 만큼 쇼핑에 푹 빠져 있었다. 나오미의 브랜드 사랑은 브랜드가 곧 자신의 정체성이라고 생각할 정도로 지극했다. 학교에서 브랜드 로고 디자인 대회에 참가하며 광고업계에서 일하는 것을 꿈꾸기도 했다. 하지만 나오미의 생각은 오래가지 못했다.

'이 옷을 만들기 위해 물과 공기는 얼마나 오염되었을까?'

 필요와 상관없이 오직 즐거움을 위해서 산 물건들은 나오미의 마음을 무겁게 했다. 물건이 생산되어 소비자인 자신에게 팔리기까지 환경에 미치는 영향을 차츰 깨닫게 된 것이다. 나오미는 이렇게 기업이 자신의 물건을 팔기 위해 소비자를 부추기는 소비문화가 얼마나 공허하고 해로운지 알아가기 시작했다. 이러한 문제가 어떻게 사회·환경 문제와 연결되는지 깨달은 나오미는 자신의 생각을 많은 사람과 공유하기 시작했다. 이 소녀가 바로 훗날 가장 영향력 있는 작가이자 활동가로 꼽히는 나오미 클라인이다.

사회 문제에 관심이 많았던 어린 시절과 방황했던 청소년기

 나오미 클라인은 1970년 5월 8일, 캐나다 퀘벡주 몬트리올에서 태어났다. 그녀의 부모님은 미국에서 살다가 베트남 전쟁에 반대해 캐나다로 이민 와 평화운동에 참여하고 있었다. 나오미의 부모님은 늘 사회 문제에 관심을 가지고 목소리를 내는 사람이었다. 이런 환경에서 자란 나오미는 어린 시절부터 세상 문제에 관심을 가지게 되었다. 특히 어머니가 전쟁에 반대하는 반전 영화를 제작하는 모습을 보며 미디어가 가진 힘을 일찍 깨달았다. 나오미는 후에 이 시기를 회상하며 "부모님의 열정적인 활동은 내게 세상을 바꿀 수 있다는 희망을 심어주었어요."

    변화를 위한 용기 있는 목소리

1967년 위싱턴 D.C에서 베트남 전쟁 반대 시위자를 체포하는 모습

라고 말했다.

　하지만 청소년기에 접어들면서 나오미는 앞에 나온 일화처럼 당시 많은 젊은이처럼 소비주의 문화에 빠져들었다. 방과 후에는 친구들과 함께 대형 쇼핑몰로 향했고, 그곳에서 시간 가는 줄 모르고 최신 유행을 좇았다. 유명 브랜드의 로고가 크게 새겨진 옷을 입고 다니는 것이 자랑스러웠고, 새로운 신발이나 액세서리를 살 때마다 뭔가 된 듯한 뿌듯함을 느꼈다. 나오미는 심지어 학교에서 브랜드 로고 디자인 대회에 참가하기도 했다. 이 시기에 그녀는 광고와 마케팅의 세계에 매료되어, 광고업계에서 일하는 것을 꿈꾸기도 했다. 그러나 이런 경험은 나중에

그녀가 소비주의와 기업 문화를 비판적으로 볼 수 있는 중요한 밑거름이 되었다.

나오미 클라인의 인생을 바꾼 두 사건

나오미가 살면서 가장 큰 영향을 받은 두 가지 결정적인 사건이 있었다. 첫 번째는 열일곱 살 때 어머니가 갑작스럽게 뇌졸중으로 쓰러진 일이었다. 이 사건은 나오미와 그녀의 가족에게 큰 충격을 주었다. 몇 달 동안 가족 모두가 어머니를 헌신적으로 돌보았고, 그 과정에서 그녀는 의료체계가 너무 복잡하고 불평등하다는 것을 직접 느꼈다. 이 일로 나오미는 의료 문제뿐 아니라 사회 전반의 문제점들을 깊이 생각하게 되었다. 그리고 나오미가 사회 비평 활동을 하는 데에도 큰 영향을 미치게 된다.

또한 나오미는 이러한 위기와 어려움을 자기 가족만이 아니라 많은 다른 가족들도 겪고 있다는 것을 깨달았다. 불공평한 현실에 맞닥뜨려 무기력해진 나오미에게 그녀의 아버지는 이렇게 말했다. "나오미, 세상은 불공평해. 하지만 그걸 바꾸려는 노력을 포기하면 안 돼." 그 순간 나오미는 자신이 무엇을 해야 하는지 깨달았다. 그녀는 사회의 문제를 밝혀내고 그것을 바꾸기 위해 목소리를 내겠다고 결심했다.

두 번째 사건은 나오미가 대학생이었던 1989년에 발생한 '에콜 폴리테크니크 대학살'이었다. 한 남성이 몬트리올의 공학 대학인 에콜 폴리

          변화를 위한 용기 있는 목소리

테크니크 강의실로 들어와 14명의 여성을 살해하고 10명의 여성과 4명의 남성에게 부상을 입힌 사건이다. 범인은 자기 행동이 '페미니즘에 대한 투쟁'이라고 주장했다. 이 끔찍한 폭력 사태는 나오미에게 여성에 대한 폭력과 차별이 얼마나 심각한가를 깊이 인식하게 하는 계기가 되었다.

여성이라는 이유만으로 폭력을 당할 수 있다는 현실 앞에 나오미는 여성의 생존과 정의를 위해 페미니즘

에콜 폴리테크니크 외벽에 설치된 희생자를 추모하는 명판 ⓒBobanny

운동은 꼭 필요하다고 생각하게 되었다. 이 사건 이후 나오미는 여성의 권리와 안전에 대해 더욱 관심을 두고, 페미니즘운동에 적극적으로 참여하기 시작했다.

나오미는 우리 사회에 존재하는 불평등과 폭력을 지적하며 이를 하루빨리 해결해야 한다고 강조하며 이렇게 말했다. "우리는 모두 연결되어 있고, 서로에게 영향을 미칩니다. 그래서 우리는 더 나은 세상을 만들기 위해 함께 노력해야 합니다."

기후위기와 자본주의와의 관계

나오미는 오늘날 기후위기의 문제는 자본주의라는 체제에서 비롯된 것이라고 보았다. 자본주의는 쉽게 말하면 돈을 벌 수 있는 수단을 가지고 있는 '자본가'가 돈을 버는 일을 자유롭게 할 수 있도록 보장해 주는 사회 경제 체제이다. 자본주의 안에서 기업과 자본가는 상품을 대량으로 생산하고 대량으로 소비하면서 이윤을 얻는다. 여기에서 이윤은 곧 돈을 말한다. 자본주의에서 가장 중요한 것은 돈을 끝없이, 많이 버는 것이다. 상품을 대량으로 생산하려면 공장이 돌아가야 하고, 공장을 돌리려면 화석 연료가 필요하다. 이 화석 연료를 사용하는 과정에서 온실가스가 발생하게 된다. 온실가스가 기후위기를 빠르게 진행시켜도

> ### 녹색 자본주의와 녹색 성장
>
> 녹색 자본주의와 녹색 성장은 환경도 지키면서 경제도 발전시키자는 생각이다. 기업들이 환경에 좋은 제품을 만들고, 정부가 규제를 통해 관리하면서, 우리가 친환경 제품을 사면 지속 가능한 발전이 가능하다는 것이다.
>
> 하지만 나오미는 이런 방식으로는 진짜 문제를 해결할 수 없다고 본다. 녹색 자본주의도 결국 계속해서 더 많은 이윤을 추구하는 자본주의의 틀에서 벗어나지 못한다. 오히려 기업들은 진짜로 환경을 보호하기보다는 겉보기에만 친환경적인 이미지를 내세워 더 많은 돈을 번다고 지적했다. 나오미는 진정으로 환경을 지키려면 우리가 돈과 물건을 대하는 방식 자체, 경제 시스템을 완전히 바꿔야 한다고 말한다.

기업은 자신들의 이익을 위해 이 사실을 외면한다. 그래서 아무리 기술이 발전해도 법과 시스템이 그대로라면 바뀌는 것이 없다. 따라서 나오미는 기후위기를 해결하려면 우리의 경제 시스템, 가치관, 그리고 서로를 대하는 방식이 근본적으로 바뀌어야 한다고 말한다.

자본주의 안에서 환경 문제를 해결할 수 있다고 주장하는 사람도 있다. 환경에 해를 끼치지 않는 친환경 상품을 생산하면 기후위기를 완화할 수 있다는 것이다. 이를 '녹색 자본주의'라고 부른다. 하지만 나오미는 녹색 자본주의가 기후위기 문제의 본질을 회피하고 있다고 생각했다. 그보다 더 근본적인 사회경제적 변화를 추구했다. 대표적으로 지역 공동체 강화, 재생 에너지로의 전환, 공정 무역 확대, 그리고 민주적인 의사 결정 과정 등을 내세운다. 나오미의 이러한 주장은 많은 사람에게 기후위기가 단순히 기술의 문제가 아닌 사회와 정치의 문제라는 새로운 시각으로 세상을 볼 수 있게 했다.

세상을 바꾸는 글쓰기

나오미는 우리가 살아가는 복잡한 세상의 문제들을 마치 퍼즐을 푸는 것처럼 명쾌하게 분석한다. 자신이 직접 경험하고 연구한 많은 내용을 마치 소설처럼 술술 읽히도록 쉽게 글을 쓴다. 이러한 글쓰기 능력 덕분에 나오미는 더 많은 사람에게 자신의 주장을 널리 알릴 수 있었다. 현 사회에 직면한 문제들을 모든 사람이 이해할 수 있게 설명해야

나오미 클라인의 연설 장면 ©Vera de Kok

모두 함께 해결책을 찾을 수 있다고 말했다.

나오미 클라인의 책과 글들은 30개 이상의 언어로 번역되어 많은 이에게 읽히고 있다. 대표작으로는 《노 로고》, 《쇼크 독트린》, 《이것이 모든 것을 바꾼다》, 《미래가 불타고 있다》 등이 있다. 그중 《이것이 모든 것을 바꾼다》에서는 기후위기와 우리의 경제 시스템이 어떤 관계가 있는지 설명한다. 《미래가 불타고 있다》에서는 '그린 뉴딜'을 통해 기후위기를 해결하면서 동시에 더 공정한 사회를 만들 수 있다고 주장한다. 이외에도 꾸준히 저서를 내며 자본주의와 기후변화의 관계, 코로나19가 드러낸 사회 문제 등을 다룬다.

그녀는 글쓰기뿐만 아니라 다큐멘터리 제작에도 참여하며 아이디어를 다양한 방식으로 전달하고 있다. CNN, BBC, MSNBC 등 전 세계 주요 방송사에 정기적으로 출연하고 테드 강연, 다보스 포럼, 유엔기후변화회의 등 영향력 있는 국제회의에서 기조연설을 맡아 전 세계 리더들과 소통하고 있다. 특히 기후변화와 경제 불평등에 관한 그녀의 날카로운 통찰력은 많은 관심을 받고 있다.

  변화를 위한 용기 있는 목소리

지구를 살리는 과감한 혁신 '그린 뉴딜'

  그린 뉴딜은 나오미 클라인이 기후위기를 극복하기 위해 제시한 대표적인 방법 중 하나이다. '뉴딜'은 미국이 경제 대공황이었을 때 경제를 되살리기 위해 루스벨트 대통령이 시행한 공공사업을 말한다. 이 당시 미국 정부는 경제 위기를 극복하기 위해서 시장에 적극적으로 개입했다. 그 전까지만 해도 정부가 시장의 일을 크게 좌우하지 않았다. 하지만 국가적인 비상사태를 이겨내기 위해 화폐 공급, 물가 상승률, 농업 생산량 등을 정부가 직접 조절했다. 그린 뉴딜은 마찬가지로 정부가 적극적으로 개입해서 원래의 사회 구조를 바꾸는 것이다. 그래야만 기후변화를 획기적으로 멈출 수 있다고 말한다.

  나오미 클라인은 그린 뉴딜을 이야기하면서 선진국을 중심으로 '마셜 플랜'을 시행해야 한다고 주장한다. 마셜 플랜은 2009년에 세계무역기구(WTO)의 볼리비아 대사 '나바로 야노스'의 연설 중에 주장한 내용이다. 나오미는 그의 연설을 듣고 이 방법이 지구를 살리는 획기적인 방법이라고 생각했다. 마셜 플랜은 제2차 세계 대전 이후 유럽의 황폐화된 국가들을 재건하기 위해 미국이 계획한 재건, 원조

독일 서베를린에서 포착된 마셜 플랜 선전 포스터

계획이다. 이 기간 동안 유럽 국가들의 산업 구조, 생활 방식은 급격하게 바뀌었다. 일반적인 가전제품이나 소비재를 생산하던 공장들은 전쟁을 위한 선박, 비행기, 무기를 만드는 공장으로 바뀌었다. 이 기간 동안 사람들은 군대를 위한 연료가 부족하기 않도록 자동차를 타지 않았고, 대중교통을 이용했으며, 군량미를 위해 직접 텃밭에서 농사를 지어 먹을 것을 해결했다. 마찬가지로 기후변화라는 전 세계적 재난에 맞서 싸우려면 새로운 법률과 규제를 통해서 우리가 지금까지 살았던 모든 생활 방식을 완전히 뒤집어야 한다.

사람들은 나오미 클라인의 주장이 비현실적이고, 자유를 억압한다고 지적한다. 하지만 나오미는 이미 과거에 해냈던 적이 있으며, 이전보다 기술과 도구가 발전했기 때문에 충분히 할 수 있다고 설명한다. 또한 기후위기가 전쟁에 준하는 인류의 생존을 위협하는 심각한 재난이기 때문에 하루 빨리 행동해야 한다고 말한다.

협력과 연대를 통한 변화의 힘

나오미 클라인은 다양한 분야의 활동가, 학자, 예술가들과 함께 활동한다. 나오미가 혼자가 아닌 광범위한 네트워크와 연대를 통해 활동하는 이유는 기후위기 문제는 매우 복잡하고 서로 얽혀 있기 때문이다. 즉, 모든 분야, 모든 지역의 사람들이 힘을 모아야만 해결할 수 있다. 그녀는 자신의 글과 활동이 많은 사람의 노력에 기대고 있다고 말한다.

   변화를 위한 용기 있는 목소리

먼저 나오미의 남편이자 유명한 다큐멘터리 감독인 아비 루이스 Avi Lewis 이다. 부부는 함께 작업하며 복잡한 사회 문제들을 영상으로 제작하고 있다. 대표작으로는 〈The Take〉(2004)가 있는데, 이 영화는 아르헨티나의 경제 위기 이후 노동자들이 폐쇄된 공장을 접수하고 운영하는 과정을 다룬다. 이 작품은 대안적 경제 모델의 가능성을 보여주며 국제적으로 큰 반향을 일으켰다.

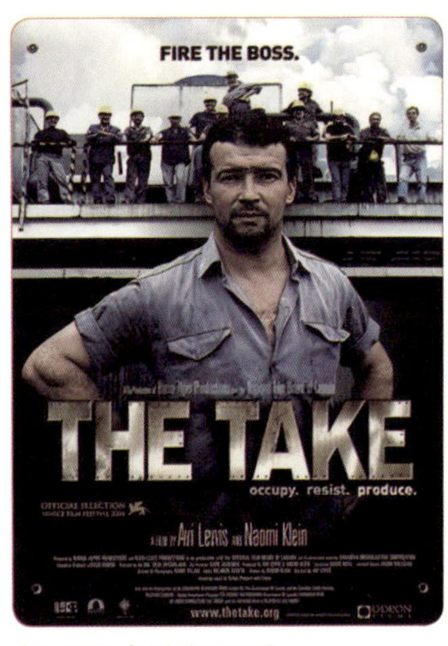

〈The Take〉 영화 포스터

나오미 올레스키 Naomi Oreskes 는 과학사학자이자 기후변화 커뮤니케이션 전문가이다. 나오미와 함께 기후위기에 대한 대중의 인식을 확장시켰다. 그들은 여러 회담과 토론회에 함께 출연해, 과학과 사회운동을 연결시켜야 한다고 강조했다.

전 세계적인 기후 활동가 네트워크 350.org

350.org는 나오미가 이사회로 활동했던 세계적인 기후 활동가 네트워크이다. 이곳에서는 전 세계적인 기후위기 대응운동에 적극적으로 참여하고 있다. 350.org는 특히 청소년들의 참여를 독려하는 다양한 캠페인을 진행하고 있어, 젊은 세대의 기후 활동에 큰 영향을 미치고 있다. 2013년에 업로드한 "Do the Math" 캠페인 영상은 기후변화의 현실을 구체적인 수치와 계산을 통해 간단하고 강력하게 전달해 많은 이들의 공감을 얻었다. 이 영상은 유튜브에서 백만 회 이상의 조회수를 기록하며 화제가 되었다.

빌 맥키븐**Bill McKibben**은 환경운동가이자 작가로, 나오미와 함께 '350.
org'라는 기후 활동가 네트워크를 공동 설립했다. 그들은 기후변화 대
응을 위한 글로벌 캠페인을 함께 이끌어 왔으며, 특히 화석 연료 산업
에 대한 투자 철회운동을 펼쳤다.

나오미의 아들인 클라인 루이스**Klein Lewis**는 어린 나이부터 어머니와
함께 활동하며 성장했다. 나오미는 종종 아들과의 경험을 통해 기후변
화가 미래 세대에 미치는 영향에 대해 이야기한다.

아룬다티 로이**Arundhati Roy**는 인도의 작가이자 활동가로, 나오미와 함
께 글로벌 정의운동에 참여해왔다. 두 사람은 신자유주의와 기업 세계
화에 대한 비판적 시각을 공유하며, 여러 국제 포럼에서 함께 발언해
왔다.

이밖에도 나오미는 다양한 사회운동 단체들과 연대하며, 각자의 이
슈를 연결해 통합적인 해결책을 찾고 있다. 노동조합과 협력해 '정의로
운 전환'이라는 생각을 발전시킨 것은 하나의 예이다. 정의로운 전환
이란 화석 연료 산업을 대체 에너지와 같이 친환경 산업으로 전환하는
과정에서 일자리를 잃을 수 있는 노동자들의 권리와 생계를 보호하는
방법을 찾는 것이다. 또한 나오미는 원주민 권리 단체들과 협력해 환경
보호와 원주민 보호 활동을 펼치고 있다.

나오미는 사람들에게 직접 기후위기 문제에 목소리를 내고 참여하
기를 촉구한다. 기후위기의 문제는 2030년까지 탄소 배출을 거의 절반
으로 줄여야 하고, 2050년까지는 탄소중립을 달성해야만 하는 시급한
문제다. 즉, 이 문제를 해결하지 못한다면 현재 청소년들이 성인이 되

  변화를 위한 용기 있는 목소리

는 시기에 인류의 미래가 어떻게 될지 아무도 알 수 없다.

그녀는 대규모 시위 참여부터 일상에서의 작은 실천까지, 모든 참여가 가치 있다고 말한다. 각자가 할 수 있는 방식으로 기후변화에 함께 대응하는 것이 필요하다고 말한다.

나오미 클라인의 영향력과 메시지

나오미 클라인은 펜을 들고 세상을 바꾸어 나가는 21세기판 로빈 후드와 같은 존재이다. 그녀의 책과 활동은 현대 사회의 다양한 사회운동에 아주 큰 영향을 미쳤다. 특히 반세계화운동, 환경운동, 그리고 경제정의운동 분야에서 그녀의 영향력이 두드러진다.

나오미의 사상은 학계와 정책을 만들고 실행하는 사람들 사이에서도 진지하게 논의되고 있으며, 그녀의 저서들은 많은 대학에서 필독서로 지정되어 있다. 이는 그녀의 아이디어가 다음 세대의 사상가들을 양성하는 데 중요한 역할을 하고 있음을 보여준다.

나오미의 가장 큰 업적은 복잡한 사회 문제들을 서로 연결해서 보는 통합적 시각을 제시한 것이다. 그녀는 환경, 경제, 사회 정의 문제가 서로 밀접하게 연관되어 있음을 강조하며, 이들을 총체적으로 해결해야 한다고 주장한다.

나오미의 메시지는 명확하다. 세상을 바꾸는 것은 권력자들만의 일이 아니라는 것이다. 변화는 지금, 여기에서 시작할 수 있다. 그녀의 행

보는 작은 행동으로도 큰 변화를 만들어 낼 수 있다는 희망을 전한다.

　나오미 클라인의 사상과 활동은 21세기의 중요한 지적 유산이 되어 가고 있다. 그녀가 제시한 문제의식과 해결책은 지금 우리가 사는 세상의 복잡한 문제들을 이해하고 대응하는 데 필요한 생각의 틀을 제공한다. 더 나은 세상을 위해 행동하는 그녀의 목소리는 앞으로도 오랫동안 우리 사회에 울려 퍼질 것이다.

변화를 위한 용기 있는 목소리

그레타 툰베리

· Greta Thunberg, 2003~ ·

"저는 우리가 행동하지 않는 것이
가장 큰 위험이라고 생각하지 않습니다.
진짜 위험은 사실은 아무 일도 일어나고 있지 않은데,
기업과 정치인들이 마치 변화가 일어나는 것처럼
보이게 만드는 것입니다."

2019년 7월 23일 프랑스 국민의회 하원이 개회되었다. 그날은 특별 순서가 예정되어 있었다. 의장이 한 소녀를 소개했다. 그레타 툰베리라는 스웨덴 소녀였다. 그레타가 입을 열었다.

"좋은 소식과 나쁜 소식이 있습니다. 기후위기와 관련해서요. 좋은 소식으로 시작할게요. 세상은 몇몇 사람들이 최근 말해온 것처럼 11년 안에 끝나지 않을 겁니다. 나쁜 소식은 우리가 지금까지의 방식대로 계속 살면 2030년쯤이면 몇 개의 지구적 '티핑 포인트'를 지나게 될 거라는 겁니다. 그러면 우리는 더 이상 되돌릴 수 없는 기후재앙을 마주하게 될지도 모릅니다."

단상에 오른 그레타는 자신에게 쏟아지는 프랑스 국회의원들의 눈길을 하나하나 마주 대하며, 연설을 이어나갔다. 그레타와 눈이 마주친 국회의원들 중 어떤 이는 자신의 딸을 바라보듯 빙그레 웃어 주었고,

어떤 이는 어린이의 연설은 대충 귀로 흘려듣기로 마음먹고 다른 중요
안건들을 살펴보기 위해 앞에 있는 문서를 들추어 보기 시작했다.

"많은 사람들, 정치인들, 기업인들, 언론인들은 우리 아이들이 하는 이
말에 동의하지 않는다고 합니다. 그들은 우리가 위험을 과장하고 있다
고 합니다. 불필요한 우려를 자아낸다고 합니다."

그레타가 여기까지 말하자, 몇몇 의원들의 표정이 진지해지기 시작
했다. 그레타는 진지한 표정을 하는 의원들 쪽에 오래도록 더 눈길을
주었다. 그레타의 눈빛은 아까보다 더욱더 반짝거렸다. 이제 자신의 말
을 귀 기울여 듣는 어른들의 숫자가 확실히 많아졌다는 것을 느꼈기 때
문이었다. 그레타는 더 잘 말하고 싶었다. 더 설득력 있는 음성으로, 한
단어 한 단어를 힘주어 발음하고 싶었다.

"이제 어떤 나라의 정치 지도자들은 기후위기에 대해서 이야기하기
시작했습니다. 기후비상사태를 선언하기 시작했습니다. 탄소중립을
달성할 날짜를 정해서 발표하기 시작했습니다. 기후비상사태를 선언
하는 것은 좋은 일입니다. 그러나, 단지 이렇게 어렴풋이 먼 날짜를 정
하는 것, 무언가 이루어졌다거나 변화하고 있다는 듯이 말하는 것은
오히려 해로운 일입니다. 우리에게 필요한 변화는 아직 일어나지 않았
기 때문입니다."

    전 세계를 향해 기후행동을 촉구한 기후 활동가

연설이 중반을 넘어가자, 그레타의 음성이 아까보다 훨씬 더 커졌다.

"저는 우리가 행동하지 않는 것이 가장 큰 위험이라고 생각하지 않습니다. 진짜 위험은 사실은 아무 일도 일어나고 있지 않은데, 기업과 정치인들이 마치 변화가 일어나는 것처럼 보이게 만드는 것입니다."

그레타는 '그린워싱'을 꼬집은 것이다.

"어떤 분들은 오늘 여기 오지 않으셨습니다. 어떤 분들은 우리의 이야기를 안 듣기로 하셨습니다. 좋습니다. 우리는 결국 아이들일 뿐이니까요. 우리의 말을 듣지 않으셔도 됩니다. 그렇지만 과학자들의 말은 들으셔야 합니다. 그것이 우리가 요구하는 전부입니다. 과학의 말을 들으세요. 과학적 사실을 근거로 함께 행동합시다. 감사합니다."

짧지만 강렬했던 그레타의 연설이 끝났다. 그레타는 인사한 다음, 연설문을 접어서 손에 꼭 쥐고서, 단상에서 내려왔다. 박수 소리는 여전히 계속되고 있었다. 그레타는 마음속으로 중얼거렸다. '오늘 이 이야기를 듣고 단 한 분의 정치인이라도 거짓 없는 행동에 나서신다면 정말 좋겠어. 저렇게 박수만 보내시지 말고 말이야⋯.'

유럽 의회에 탄소 중립을 달성하도록 하는 기후법을 논의하는 그레타 툰베리 ⓒ European Parliament

실제로는 친환경적 활동이 아닌데 친환경적 활동으로 꾸미는 것을 가리킨다. 문자 그대로의 뜻으로 보면, 녹색이 아닌 것을 '녹색으로 세탁한다'는 뜻인데 우리말로는 '위장 환경주의'라고 번역되곤 한다. 그린워싱의 예는 매우 많지만 그중에서 두 가지만 소개한다. 첫째, 생수 플라스틱 병에 멸종위기 동물의 그림을 넣은 홍보물을 붙이는 사례다. 이는 마치 플라스틱 병을 사면 멸종위기 동물을 도울 수 있을 것 같은 착각을 일으키기에 문제가 있다. 둘째, 플라스틱 빨대 대신 종이 빨대를 사용하자고 말하는 사례다. 그런데 사실 종이 빨대는 재료가 종이임에도 재활용이 어려우며, 종이 빨대 생산 과정에서 나오는 탄소배출량은 플라스틱 빨대에 비해 무려 다섯 배나 많다.

그레타, 울고 또 울다

2014년 그레타가 열한 살 되던 해였다. 그레타는 밤에도 울고, 낮에도 울었다. 등굣길에서도 울고, 하굣길에서도 울었다. 수업시간에도 울었고 쉬는 시간에도 울었다. 말 그대로 깨어 있는 동안에는 내내 울었다. 오직 반려견 모세스가 옆에 있을 때만 울지 않았다.

그레타의 엄마 말레나 에른만은 걱정이 태산이었다. 말레나는 2009년에 '유로비전 송 콘테스트' 우승을 거머쥐었을 만큼, 실력 있는 오페라 가수여서 당장 일을 그만둘 수 없었다. 그래서 연극 배우였던 그레타의 아빠가 아내의 가수 활동을 위해 본인의 연기 활동을 뒤로 하고, 집안일을 도맡았다. 그렇게 그레타의 엄마가 국내외를 오가며 바쁜 연주 일

전 세계를 향해 기후행동을 촉구한 기후 활농가

정을 소화하며 경력을 쌓아 나가는 중인데 그레타가 울기 시작한 것이었다.

그레타의 엄마와 아빠는 그레타의 울음을 멈추게 하기 위해 갖은 노력을 다 기울였다. 그레타는 울기만 하는 것이 아니었다. 음식을 거부했다. 가뜩이나 마른 체격이었는데, 음식을 먹지 않으니 그레타는 날마다 여위어갔다. 부모는 그레타가 먹은 음식을 매일같이 기록하며 그레타를 돌보았다. 아보카도 한 개를 30분 동안 먹는 날도 있었다.

어느 날엔가 그레타에게 계피 과자를 먹이려 했을 때는, 그레타가 무려 40분 동안 발작을 일으켜 부모는 "그래, 계피 과자는 먹지 않아도 돼." 하면서 물러설 수밖에 없었다. 병원에서는 '이유를 알 수 없는 거식증'이라는 진단을 내릴 뿐이었다. 그러던 어느 날, 갑자기 그레타가 스스로 먹기 시작했다. 아니, 엄밀히 말하면 먹으려고 노력하기 시작했다는 표현이 옳다. 그렇게 스스로 먹기로 결정한 다음부터는, 부모 중 한 사람이 옆에서 챙겨 주지 않아도 음식을 먹게 되었다. 그 무렵, 그레타의 엄마는 남편에게 이렇게 말했다.

"때로는 감정을 묘사할 만한 능력이 없거나 적당한 말을 찾지 못할 때 몸으로 대신 말하기도 하는 것 같아요. 마치 통역사처럼 말이죠."

다만 두 사람이 아직 몰랐던 것이 있었다. 그레타가 말이 아니라 몸으로 표현하는 것의 내용이 정확히 무엇인지 말이다. 열한 살 고비를 간신히 넘기며 그레타는 '아스퍼거 증후군, 고기능 자폐장애, 강박장애, 선택적 함묵증, 우울증'을 진단받았다.

그레타, 기후위기에 충격을 받다

그러면 그레타가 몸으로 표현할 수밖에 없었던 충격적 문제란 과연 무엇이었을까? 바로 환경 문제였다. 그레타는 우리가 사는 지구가 병들어가고 있다는 사실에 충격을 받았다. 학교 수업 시간에 플라스틱 쓰레기가 너무 많아서 마치 섬처럼 둥둥 떠다니는 '쓰레기섬'의 무서운 모습을 본 그레타는 그 장면을 머리에서 떨쳐 낼 수 없었다. 그레타는 이후 뉴스와 다큐멘터리, 통계 자료 등을 살펴보고 환경 오염이 얼마나 심각한지 알게 되었다. 알아보면 알아볼수록 그레타는 더 깊은 충격에 빠져들었다. 환경 문제가 이렇게 심각한데 변화를 위해 행동하지 않는 어른들의 모습이 그레타에게는 너무나 무책임하게 느껴졌다.

2018년 스웨덴 의회 앞에 피켓을 들고 시위하는 그레타 툰베리 ©Anders Hellberg

그레타는 지금의 생활 방식이 지구의 환경을 오염시킨다는 사실을 알고 일상에서부터 변화를 시작했다. 탄소 배출을 줄이는 방법을 알아보고 그대로 실천하려고 노력했다. 우선 채식을 시작했다. 그리고 탄소를 많이 발생시키는 비행기 여행을 그만하자고 부모님을 설득했다. 비행기로 전 세계를 누비며 공연을 하고 다니는 그레타의 엄마는 당황했지만 그레타의 뜻에 따라 비행기로 가야 하는 먼 거리의 공연을 나가지 않기로 결정했다. 아빠 역시 그레타를 따라 채식을 시작했고 화석 연료 사용 자동차를 처분하고 전기차를 구매했으며, 가능한 한 운전하지 않았다. 가족과 함께 일상적 실천을 해 나가는 동안 그레타는 충격과 우울에서 조금씩 벗어날 수 있었다. 하지만 이것만으로는 부족했다. 그레타는 전 지구적 변화가 필요하다고 생각했고, 그 같은 변화를 이룩하려면 더 많은 사람이 함께 행동해야 한다고 느꼈다. 이제 그레타는 어떻게 하면 어른들이 실질적인 환경 실천에 나서도록 할 수 있을까 고민하기 시작했다.

수많은 그레타들, 탄생하다

어느새 80억 명을 넘긴 전 세계 인류는 그중 어느 한 명도 동일한 외모, 동일한 성격을 지닌 사람이 없다. 심지어 쌍둥이라 할지라도 똑같지 않다. 이 세상 사람들은 서로 다르게 태어나, 저마다 다른 모습으로 관계 맺고 살아가는 동안, 자기가 지닌 개성, 특성을 발휘한다. 우리는 자기가 왜 태어났는지, 내 생명이 어디서 왔는지 모르지만 저마다 다른 생명의 의미를 찾고 또 드러내면서 이 세상을 살아가기 마련이다.

그렇다면 '아스퍼거 증후군, 고기능 자폐장애, 강박장애, 선택적 함묵증, 우울증'을 겪어낸 그레타의 개성, 그레타의 특징은 이 세상에서 어떤 의미를 드러내는 것일까? 그레타는 어쩌면 잠수함에 안고 타는 토끼 같은 존재일지 모른다. 혹은 탄광 갱도 안에 데려가는 카나리아 같은 사람일지 모

1928년 일산화탄소 가스를 테스트하기 위해 카나리아를 데려가는 모습

전 세계를 향해 기후행동을 촉구한 기후 활동가

른다.

　잠수함 선원들이 잠수함에 토끼를 데리고 타는 이유는 토끼가 공기 질의 변화를 예민하게 가장 빨리 알아채고 반응을 보이기 때문이다. 토끼에게 문제가 생긴 것을 발견하면 선원들은 즉시 해수면 위로 잠수함을 급히 띄워 올려야 한다. 안 그러면 그들도 토끼와 동일한 문제를 겪을지 모르기 때문이다. 비슷한 이유로 탄광에서 일하는 광부들도 작업할 때 카나리아 새장을 갱도 안에 놓아둔다. 일산화탄소에 민감한 카나리아가 이상 반응을 보이면 광부들은 일제히 일을 멈추고 카나리아 새장을 들고 갱도 바깥으로 탈출한다. 생명을 위협하는 조짐을 제일 먼저 알아채는 존재들, 가장 먼저 이상 반응을 보이는 존재들이 다른 모두를 살리는 것이다.

　그레타는 2018년 8월 20일, 스웨덴 국회 앞에서 '미래를 위한 금요일' 운동을 시작했다. 이를테면 이 세상의 잠수함 토끼 또는 탄광 카나리아로서 일하기 시작한 것이다. 그러자 잠수함 토끼와 탄광 카나리아가 이 세상에 그레타 한 명뿐이 아님이 금방 증명되었다. 지구의 기후 환경에 예민한 감수성 충만한 어린 '그레타들'이 이 세상에 많다는 사실이 증명되었다. 그레타의 국회 앞 학교 파업 이야기가 뉴스를 통해 스웨덴 전역은 물론 전 세계에

그레타 툰베리 ©Kushal Das

알려지자, 전 세계의 어린이와 청소년들이 예민하게 화답하고 나선 것이다.

수많은 그레타들의 아픔과 외침

1995년 베를린에서 기후변화당사국회의 COP가 처음 열렸다. 이후 COP는 거의 매년 열려, 2024년에는 COP29가 열렸다. 전 세계 각 나라들을 대표하는 사람들이 모여서 해마다 회의를 하는데, 그동안 지구 환경은 과연 무엇이 얼마만큼 달라졌을까? 기후변화, 기후위기를 완화하기 위한 구체적 방법들이 나와서 잘 실천되고 있을까? 꼭 그렇지만은 않다. 그래서였을까, 그레타는 이렇게 외쳤다.

2019년 9월 제네바 기후 파업 ⓒMHM55

  전 세계를 향해 기후행동을 촉구한 기후 활동가

2019년 오스트리아에서 열린 세계정상회의 기후회의에서 연설하는 모습 ⓒEugénie Berger

"어른들은 젊은이들에게 희망을 주겠다고 말합니다. 우리는 희망을 원하지 않습니다. 오히려 어른들이 공황 상태에 놓인 것처럼 행동하기를 바랍니다. 지구가 위기에 처해 있다고 믿고 행동했으면 좋겠습니다. 왜냐하면 그것이 지금 실제로 일어나고 있는 사건이기 때문입니다. 우리의 집은 불타고 있습니다."

이 외침은 이제 어른이 된 어느 청소년 환경운동가 한 사람의 외침이 아니다. 이 지구 위에서 살아가야 할 수많은 그레타의 친구, 동생, 언니, 오빠 우리 모두의 외침이다. 기후위기를 예민하게 느끼고 먼저 아파하는 사람들의 소리다.

아픔을 느낀다는 것, 그 아픔 때문에 울음이 나오는 건 전혀 나쁜 것이 아니다. 피하거나 감출 일이 아니다. 학교 수업시간에 '쓰레기섬' 영상을 보고 난 뒤 오랫동안 그 영상을 기억하며 도무지 울음을 그칠 수 없었던 그레타를 이상하게 볼 일이 아니다. 오히려 그레타처럼 그 문제를 계속해서 머릿속에 떠올리며 적극적으로 울 수 있어야 한다.

그레타는 전 지구적 기후조절 장애 현상을 만천하에 알려 더 많은 사람들이 더 많이 아파하게 될수록, 더 많이 외치게 될수록 지구의 병적 증상을 해결할 수 있다고 믿는다. 그러니, 우리는 그레타(들)의 아픔과 외침을 외면하면 안 된다. 그리고 나아가, 우리 모두 그레타가 되어 그 아픔과 외침에 동참해야 한다. 흐트러진 지구의 기후와 생태에 몰아닥친 긴급한 위기에 대하여 아파할 줄 알고, 나아가 외칠 줄 아는 그레타!

바네사 나카테

"우리가 직면한 위기는
단순한 기후위기가 아닙니다.
이는 인권의 위기이자, 정의의 위기입니다."

2020년 북극의 온난화를 연구하는 단체 북극 베이스캠프가 바네사 나카테를 세계경제포럼이 열리고 있었던 스위스 다보스로 초대했다. 이곳에서 바네사는 젊은 기후운동가들을 만나 기후위기에 대한 이야기를 나누었다. 이날 만난 이사벨 악셀슨 Isabelle Axelsson, 그레타 툰베리, 로키나 틸레 Loukina Tille, 루이자 뉴바우어 Luisa Neubauer 그리고 바네사 나카테, 이 다섯 활동가가 함께 기후행진에 참여해 세계 주요 인사들에게 기후 대책을 촉구했다.

보람찬 하루를 마치고 돌아온 다음 날, 세계적인 통신사 미국연합통신(AP)이 공개한 현장 사진을 본 바네사의 가슴은 얼어붙었다. 분명 다섯 명이 함께 서 있는 모습을 찍었는데 그녀는 마치 존재하지 않았던 것처럼 지워져 있었다. 네 명의 백인 활동가들만 남아있는 사진을 바라보며 바네사는 떨리는 손으로 키보드를 두드렸다.

"당신들은 내 사진을 지운 게 아니라, 아프리카를 삭제한 것이다."

그녀의 트윗은 번개처럼 전 세계로 퍼져 나갔다. 이는 단순한 편집상의 실수가 아니었다. 매일 극심한 가뭄과 홍수로 고통받는 아프리카의 현실, 기후위기의 최전선에 서 있으면서도 늘 뒷전으로 밀려나는 목소리들, 그리고 여전히 깊게 뿌리박힌 인종차별의 민낯이 고스란히 드러난 순간이었다. 이 사건은 오히려 바네사의 목소리가 전 세계에 더 크게 울리는 계기가 되었다.

기후위기의 현실과 마주한 청소년기

바네사 나카테는 1996년 우간다 캄팔라의 한 중산층 가정에서 태어났다. 바네사는 어린 시절부터 자연의 경이로움을 온몸으로 느끼며 자랐다. 우간다의 광활한 사바나와 울창한 열대우림은 그녀의 어린 시절을 풍성하게 했다. 퀸 엘리자베스 국립 공원의 야생 동물들과 자연 환경은 그녀의 상상력을 자극했다. 침팬지들이 나무 사이를 재빠르게 오

퀸 엘리자베스 국립 공원

기후정의를 외치는 아프리카의 담대한 목소리

가고, 기린이 높은 가지의 잎을 따먹는 모습은 그녀가 꿈꾸던 자연의 모습이었다. 특히 우기가 되어 메마른 붉은 대지가 초록빛 생명력으로 물들어가는 광경은 바네사의 마음을 설레게 했다. 첫 비가 내리면 마을 사람들과 함께 춤추고, 친구들과 빗속에서 뛰어놀던 그 순수한 기쁨은 훗날 바네사가 열정적인 환경운동가로 성장하는 밑거름이 되었다.

그녀가 본격적으로 기후 문제에 눈을 뜨게 된 것은 청소년기의 충격적인 경험 때문이었다. 2016년, 고향 부달랑가 지역을 강타한 대규모 홍수는 그녀의 인생을 완전히 바꿔 놓았다. 그녀는 수많은 이웃이 하루 아침에 집을 잃고 농작물이 모두 파괴되는 처참한 광경을 목격했다. 특히 어린 아이들이 학교에 가지 못하고 피난 생활을 하는 모습은 그녀의 마음을 아프게 했다.

바네사는 기후변화가 단순한 환경 문제가 아닌, 우리의 일상과 생존을 직접적으로 위협하는 심각한 위기라는 것을 깨달았다. 더욱이 기후변화는 잘 사는 나라보다 살기 어려운 가난한 지역에 더 큰 피해를 준다는 사실에 충격을 받았다.

기후 활동가로서 용기 있는 첫걸음

바네사는 내성적이고 혼자 있는 것을 좋아하는 학생이었지만 친구들과 함께 모임을 만들어 이끄는 일을 즐겼다. 학교에서 환경 동아리를 만들어 친구들과 함께 기후변화를 공부했고, 점심시간마다 작은 공부모임을 이끌었다. 교내 환경 캠페인도 직접 기획하고 진행했다. 이런 경험들은 후에 그녀가 세계적인 기후 활동가로 성장하는 큰 밑거름이 되었다.

2018년, 마케레레 대학교 2학년이었던 바네사는 기후변화에 관한 정부간 협의체(IPCC)의 특별 보고서를 읽고 기후행동에 적극적으로 나서야겠다고 결심했다. 지구 온도가 1.5도만 더 올라가도 돌이킬 수 없는 재앙이 온다는 과학자들의 경고에 더 이상 행동을 미룰 수 없다고 생각했다. 바네사는 그레타 툰베리의 기후파업 영상을 보면서 많은 영감을 받았다. 스웨덴의 한 십대 소녀가 시작한 작은 움직임이 전 세계 청소년들의 마음을 움직이고 있었다. 바네사는 매일 밤 뉴스에서 보도되는 아프리카의 기후 재난 소식에 더는 가만히 있을 수 없었다. "우리가 기후위기를 해결하지 못한다면, 그것은 우리의 의지가 부족해서가 아니라 행동이 부족했기 때문일 것입니다."

바네사는 우간다 최초로 '미래를 위한 금요일' 기후 시위를 시작했다. 바네사는 동생을 설득해 용기를 내어 처음으로 함께 기후파업에 나갔다. 지나가는 사람들은 바네사 자매를 의아한 눈으로 쳐다봤다. 어린 학생들이 시위하는 모습도 낯설었지만, 피켓에 적힌 기후위기와 관련된 문구들을 처음 접했기 때문이다. 사람들은 시위하는 모습을 찍기도 하고 문구의 뜻이 무엇인지 물어보기도 했다. 바네사는 떨리는 마음으로 자신이 시위에 나선 이유를 설명했고, 일정한 시간을 두고 장소를 옮겨 다니며 시위했다. 시위만으로도 정부에 저항하는 것으로 보였기에 경찰에 잡혀갈 수도 있는 상황이었다. 더군다나 우간다에서는 여성

          기후정의를 외치는 아프리카의 담대한 목소리

은 밖으로 나돌아다녀서는 안 되며 집안에서 얌전하게 있어야 한다고 배워온 터였다. 하지만 바네사는 피켓을 들고 당당히 목소리를 냈고, 그러면서 새로운 자신감을 얻었다.

바네사가 이 모든 활동을 할 수 있었던 것은 가족이 든든한 버팀목이 되어 그녀를 지지해 주었기 때문이었다. 특히 아버지는 주변의 많은 비판과 우려에도 불구하고 그녀의 활동을 전폭적으로 지지했다. "네가 하는 일을 자랑스럽게 생각한다."라는 아버지의 따뜻한 말은 바네사가 어려움을 극복하고 활동을 이어갈 수 있는 가장 큰 힘이 되었다. "처음에는 혼자였어요. 하지만 저는 믿었죠. 작은 행동도 큰 변화를 만들 수 있다는 걸요. 우리가 함께하면 반드시 더 나은 미래를 만들 수 있어요!"

아무도 관심 가지지 않았던 그녀의 외로운 외침은 1년 뒤 전 세계를 울리는 강력한 목소리가 되었다. 훗날 유엔 연설대에 선 바네사는 떨리는 목소리로 말했다. "우리는 기후변화로 매일 목숨과 터전을 잃어가고 있어요. 아프리카의 오늘은 여러분의 내일입니다. 우리는 더 이상 침묵하지 않을 거예요." 수줍은 대학생은 이제 아프리카를 대표하는 담대한 목소리가 되었다.

"아프리카는 쓰레기통이 아닙니다"

바네사의 가장 영향력 있는 발언 중 하나는 "아프리카는 쓰레기통이 아닙니다."라는 메시지이다. 이는 단순한 구호가 아니었다. 선진국들이

자기 나라의 환경 문제와 산업 폐기물을 아프리카에 떠넘기는 부당한 관행을 정면으로 비판한 절실한 외침이었다. 그녀는 전 세계를 상대로 끊임없이 목소리를 높였다. 기후변화가 전 인류에게 영향을 미치지만, 특히 개발도상국과 사회적 약자들이 더 심각한 피해를 받고 있다는 뼈아픈 현실을 쉼 없이 알렸다.

바네사는 기후정의를 실현해야 한다는 강한 신념이 있었다. 그녀가 했던 연설 중에서 "우리는 모두 같은 폭풍 속에 있지만, 같은 배를 타고 있지는 않습니다."라는 말은 그녀의 신념을 뚜렷하게 보여준다. 또한 바네사는 기후위기 해결을 위해서는 선진국과 개발도상국이 협력해야 하는 것은 물론이며, 특히 그동안 소외되어 온 아프리카의 목소리가 더 많이 반영되어야 한다고 끊임없이 주장한다.

스코틀랜드 수상과 기후위기가 불러온 홍수로 무너진 에든버러 성에 관해 이야기를 나누는 바네사 나카테 ©Scottish Government

          기후정의를 외치는 아프리카의 담대한 목소리

COP26 기후변화협약 당사국총회에 참석한 바네사는 전 세계를 향해 다음과 같이 외쳤다.

"우리는 기후위기의 최전선에 있습니다. 하지만 우리의 절실한 이야기는 거의 들리지 않죠. 아프리카는 전 세계 탄소 배출량의 3% 미만을 배출하지만, 가장 심각한 영향을 받고 있습니다. 이것이 과연 정의입니까?"

바네사는 기후위기의 불평등한 현실을 강조하며 선진국들의 책임을 강조했다. "역사적으로 가장 많은 온실가스를 배출해온 국가들이 이제는 가장 적극적인 기후행동을 보여줘야 합니다."라며 아프리카의 지속가능한 발전을 위해 환경 파괴 없는 성장 모델을 만들어야 한다고 목소리를 높였다.

여성은 기후위기의 가장 큰 피해자이자 해결사다

바네사는 젊은 아프리카 여성 활동가로서 기후운동의 최전선에서서 기후정의를 넘어, 그와 관련한 성평등이라는 중요한 사회적 과제에까지 활동을 넓히고 있다.

특히 그녀는 기후변화가 여성들의 일상생활과 기본권에 미치는 불균형적인 영향에 주목한다. 특히 기후위기는 개발도상국의 여성들에게 치명적이다. 개발도상국은 경제를 발전시키기 위해 개발을 서슴지 않았고, 선진국은 그런 개발도상국에 자기 나라에 짓지 못하는 공장과

시설을 짓기 때문이다. 무분별한 개발이 가져온 오염 피해는 가정 안에서 주로 가사 노동을 맡는 여성들이 가장 먼저 체감한다. 예를 들어, 심각한 기후변화가 불러온 가뭄은 물을 구하러 가야 하는 여성과 소녀들에게 더 큰 부담을 주고 있다. 이로 인해 소녀들은 교육받을 귀중한 기회를 빼앗기고 있다. 또한 기후 재난이 발생했을 때 여성들은 더 큰 위험에 처하게 된다. 기후 재난 때문에 경제가 어려워지면 여성이 먼저 일자리를 잃었고, 치안이 무너지면 여성이 범죄 피해를 당할 가능성이 높아지기 때문이다.

이처럼 기후변화의 최전선에 있는 여성들은 가장 큰 피해를 입지만, 동시에 가장 효과적인 해결책을 제시하고 있다고 바네사는 말한다. 기후위기를 가장 뼈아프게 느끼고 있기 때문에 그들에게서 기후위기를 극복할 혁신적인 아이디어가 나온다는 것이다. 바네사는 기후위기 해결을 위한 정책 결정 과정에 여성들이 적극적으로 참여해야 한다고 강조한다. 실제로 전 세계적으로 활동하고 있는 환경운동가 중에는 여성, 그중에서도 젊은 여성이 많다.

세계 청년들과 함께 만들어가는 희망

그녀는 기후정의 실현하기 위해서는 청년들의 역할이 중요하다고 생각한다. "우리 청년들의 목소리는 단순한 외침이 아닌, 변화를 이끄는 힘이 되어야 합니다." 그녀는 현재 세계의 청년 기후 활동가들과 긴

    기후정의를 외치는 아프리카의 담대한 목소리

밀히 협력하며 전 지구적 기후운동의 새로운 장을 열어가고 있다. 특히 2019년 세계경제포럼(다보스 포럼)에서 그레타 툰베리와 만난 후, 함께 활동하며 깊은 우정을 나누고 전 세계적인 연대의 네트워크를 꾸준히 확장해 나가고 있다.

바네사 나카테 ©Paul Wamala Ssegujja

바네사는 2019년에 '라이즈 업 무브먼트 Rise Up Movement'라는 아프리카 중심의 혁신적인 기후운동 단체를 설립했다. 이 단체는 아프리카 청년 기후 활동가들의 목소리를 하나로 모아 기후위기를 극복할 수 있는 실질적인 변화를 만들고자 한다. 이렇듯 실천에 앞장서고 있는 바네사는 2022년 CNN과의 인터뷰에서 "우리는 단순한 활동가 모임이 아닙니다. 우리는 변화를 만드는 실천가들입니다. 우리의 목소리는 작을지 모르지만, 함께할 때 우리는 산을 움직일 수 있습니다."라고 말했다. 이 단체는 학교를 찾아가는 기후변화 교육 프로그램, 지역 사회와 함께하는 대규모 나무 심기 캠페인, 태양광 발전과 같은 재생 에너지 프로젝트를 기획하고 실행하고 있다. 또한 청년들이 직접 기후 정책을 제안하고 의사 결정 과정에 참여할 수 있도록 리더십 훈련도 제공하고 있다.

이제 라이즈 업 무브먼트는 다각적인 활동을 통해 지역 사회의 환경 의식을 높이고, 수천 명의 열정적인 젊은 활동가들이 참여하는 강력한 네트워크로 성장했다. 또한 그린피스, 세계야생생물기금(WWF) 등 세계적인 환경 단체들과도 긴밀한 협력 관계를 맺고 아프리카의 지속 가능한 미래를 위해 변화를 이끌어가고 있다.

우리가 함께 만들어갈 미래

바네사의 끊임없는 노력과 헌신은 국제사회에서 놀라운 반향을 일으키며 인정 받고 있다. 2020년에는 지구 환경 보호에 탁월한 공헌을 한 인물에게 수여되는 유엔 환경 프로그램의 '지구의 챔피언' 상을 수상했으며, 이듬해인 2021년에는 전 세계에 영향력을 미치는 인물들만이 선정되는《타임》지의 '세계에서 가장 영향력 있는 100인'에 당당히 이름을 올렸다.

"우리는 더 이상 기다릴 수 없습니다. 지금 행동하지 않으면, 우리의 미래는 없습니다. 모든 목소리가 중요합니다. 당신의 목소리도 중요합니다. 우리 각자의 작은 행동이 모여 큰 변화를 만들 수 있습니다. 침묵하지 마세요. 당신의 목소리가 바로 변화의 시작입니다."

바네사의 이 힘찬 외침은 전 세계를 울리며 기후정의를 향한 새로운 길을 열었다. 기후위기가 단순한 환경 문제가 아닌 인권, 정의, 평등의 문제임을 일깨웠고, 특히 아프리카와 같은 개발도상국이 겪는 불평등한 고통에 세계가 주목하게 만들었다. 바네사의 메시지는 전 세계 청년들의 마음속에 깊이 새겨지며, 기후정의를 위한 투쟁의 상징이 되었다.

"우리는 모두 같은 하늘 아래 살고 있습니다. 기후위기는 국경을 모릅니다. 우리가 함께 노력한다면, 우리는 변화를 만들어낼 수 있습니다. 지금이 바로 그 시작입니다. 우리의 행동이 미래를 결정합니다. 한 사람 한 사람의 목소리가 모여 세상을 바꾸는 힘이 됩니다."

바네사의 용기와 신념은 전 세계 청년들에게 깊은 영감을 주고 있다. 우리 한 사람 한 사람의 목소리가 모여 거대한 변화의 물결을 만들 수 있음을 바네사는 몸소 보여주었다. 이제는 우리 모두가 이 중요한 움직임의 일부가 되어야 할 때이다. 당신도 이 변화의 물결에 동참할 준비가 되었는가? 우리의 작은 실천이 모여 지구를 구하는 큰 힘이 될 것이다. 함께라면 우리는 더 나은 미래를 만들어낼 수 있다.

- 김성훈(글) · 최복기(그림), 《세상을 바꾼 큰 걸음: 레이철 카슨》, 돌베개, 2013.
- 레이철 카슨, 《침묵의 봄》, 에코리브르, 2011.
- 레이철 카슨, 《우리를 둘러싼 바다》, 에코리브르, 2018.
- 레이철 카슨 외 18명, 《경이로운 자연에 기대어》, 작가정신, 2022.
- 유정원, 〈죽어가는 바다: 레이철 카슨의 바다생태론〉, 서강대학교 생명문화연구소, 2021.
- 김경인, 〈이시무레 미치코 문학에 그려진 恨〉, 한국일본어교육학회, 2012.
- 박병상, 〈끝나지 않은 미나마타 병〉, 한국환경사학회, 2007.
- 반조노 히로야, 〈뒤틀림 속에 몸을 두는 것 – 1960~70년대 이시무레 미치코의 작품에서 '고향' 개념의 재검토〉, 연세대학교 국학연구원, 2023.
- 심정명, 〈경계를 묻는 문학적 실천: 이시무레 미치코 《고해정토》로부터〉, 한국비교문학회, 2015.
- 유수정, 〈'공해의 원점'에서 보는 질병 혐오〉, 숙명여자대학교 인문학 연구소, 2022.
- 이시무레 미치코, 《고해정토: 나의 미나마타병》, 달팽이, 2022.
- 이시무레 미치코, 《슬픈 미나마타》, 달팽이, 2007.
- 이시무레 미치코, 《신들의 마을》, 녹색평론사, 2015.
- 클레어 A(글) · 니볼로(그림), 《나의 아름다운 바다》, 봄나무, 2012.
- 하라다 마사즈미(글) · 이은천(그림), 《미나마타의 붉은 바다》, 우리교육, 2016.
- 키아라 카르미타니(글) · 마리아키아라 디조르조(그림), 《바다를 존중하세요》, 책속물고기, 2018.
- 남찬숙(글) · 윤정미(그림), 《왕가리 마타이》, 비룡소, 2021.
- 슈테판 에레르트, 《나무들의 어머니 왕가리 마타이》, 열림원, 2005.
- 왕가리 마타이, 《지구를 가꾼다는 것에 대하여》, 민음사, 2012.
- 파피루스(글) · 툰쟁이(그림), 《who? 세계 인물 왕가리 마타이》, 다산어린이, 2017.
- 반다나 시바 · 마리나 모르프르고(글) · 알레그라 알리아르디(그림), 《씨앗이 있어야 우리가 살아요》, 책속물고기, 2016.
- 반다나 시바 · 카르티케이 시바, 《누가 지구를 망치는가》, 책과함께, 2022.
- 최창희, 〈과학 엘리트에서 생명운동가로: 반다나 시바와의 대화〉, 《녹색평론》 1·2월호, 1993.
- 최형미, 《반다나 시바, 상처받은 지구를 위로해》, 토토북, 2022.
- 김현아, 《박영숙을 만나다》, 또하나의문화, 2008.
- 사라 파킨, 《나는 평화를 희망한다》, 양문, 2002.
- 최백순, 《미래가 있다면 녹색》, 이매진, 2013.
- 페트라 켈리, 《희망은 있다》, 달팽이, 2004.
- 나오미 클라인, 《이것이 모든 것을 바꾼다》, 열린책들, 2016.
- 나오미 클라인, 《미래가 불타고 있다》, 열린책들, 2021.
- 나오미 클라인 · 리베카 스테포프, 《미래가 우리 손을 떠나기 전에》, 열린책들, 2022.
- 나오미 클라인, 《슈퍼 브랜드의 불편한 진실》, 살림Biz, 2010.
- 나오미 클라인, 《노로는 충분하지 않다》, 열린책들, 2018.
- 박홍규, 《우리는 꽃이 아니라 불꽃이었다》, 인물과사상사, 2022.
- 그레타 툰베리 외 3명, 《그레타 툰베리의 금요일》, 한솔수북, 2020.
- 발렌티나 카메리니(글)·베로니카 베치 카라텔로(그림), 《그레타 툰베리》, 김영사, 2019.
- 자넷 윈터(글·그림), 《그레타 툰베리가 외쳐요》, 꿈꾸는섬, 2019.
- 바네사 나카테, 《우리가 만드는 내일은》, 양철북, 2023.
- www.greenpeace.org
- www.missionblue.org
- www.nobelprize.org
- www.ted.com
- www.un.org

과목 · 과정	초등학교 과정
5학년 사회	국토와 우리 생활 / 인권 존중과 정의로운 사회
5학년 과학	생물과 환경
6학년 사회	우리나라의 정치 발전 / 세계 여러 나라의 자연과 문화
6학년 과학	계절의 변화 / 에너지와 생활
6학년 실과	친환경 농업과 미래

과목 · 과정	중학교 과정
사회1	아프리카 / 민주주의와 시민 / 정치 과정과 시민 참여
사회2	우리나라의 자연 환경과 인간 생활 / 지속 가능한 세계와 글로컬 시민
과학1	과학과 인류의 지속 가능한 삶
기술·가정1	지속 가능한 자원 관리 / 기술 혁신과 발명 / 에너지와 수송

과목 · 과정	고등학교 과정
통합 사회1	자연 환경과 인간
통합 사회2	사회 정의와 불평등 / 시장 경제와 지속 가능 발전
통합 과학2	변화와 다양성 / 환경과 에너지 / 과학과 미래 사회
기술·가정	생활 문화와 디지털 환경 / 미래를 여는 공학 혁신 / 지속 가능한 융합 공학

환경과 생태를 살린 10명의 용감한 여성들

더 이상 침묵하지 않을 거야!

초판 1쇄 발행 2025년 6월 30일

지은이	유미호 · 이인미
펴낸이	박유상
펴낸곳	빈빈책방(주)
편집	정민주
디자인	기민주
일러스트	김영혜

등록	제2021-000186호
주소	경기도 고양시 덕양구 중앙로 439 서정프라자 401호
전화	031-8073-9773
팩스	031-8073-9774
이메일	binbinbooks@daum.net
페이스북	/binbinbooks
네이버 블로그	/binbinbooks
인스타그램	@binbinbooks

ISBN 979-11-993156-0-0(43330)